保育者のための

文章作成ワークブック

谷川　裕稔編著

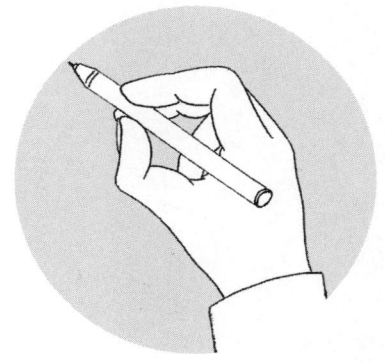

保育者のための

文章作成ワークブック

谷川裕稔 編著

はじめに

　本書は，主として保育者養成系の大学・短大・専門学校に学ぶ学生の日本語文章力の向上を目的として著しました。しかし，学生の方々だけでなく，現職の保育者の方々にも充分に学んでいただける内容だと思います。

　保育者は「書く」という営みから逃れることはできません。例えば，保護者（養育者）への連絡帳，園だより，担当クラスの保育記録，研修会参加後のレポートなど，保育者として就職すれば，文章を書く機会は確実に増えます。日頃から，文章の書き方を学んでおくことが大切になってくるのです。本書をきっかけとして，保育者を志すみなさんの「書くこと」に対する意識向上に少しでも貢献できましたら幸いです。

　さて，本書は次の三つの構成になっています。第1章では，文章を書く上での基本的な約束事（基本的な文法事項）を学びます。第2章では，長文を書く前段階の短文の書き方を学びます。第3章では，第1章および第2章の総まとめとして「指導案」「実習日誌」の書き方など，実践的なものを学びます。以上のような構成になっていますが，実際には読者のみなさんが，どの章からでも始められるようにしてあります。興味のある章から取り組まれてもよいでしょう。

　最後に出版にあたり，中九州短期大学の講師であり文学者でもある黒川嘉正氏には，文法解釈等でご助言をいただきました。また，明治図書出版の石塚嘉典氏には格別のご配慮をいただきました。厚くお礼を申し上げます。

2006年6月　　　　　　　　　　　　　　　　　　　　　　　　　　　谷川　裕稔

目　次

はじめに

第1章　文章を書く上での基本的な約束事を身につけよう

第1節：文章を書くという営み……8

第2節：知っておきたい文法事項・文章作法……12

1. 主語と述語を意識する①長文を避ける……12
2. 主語と述語を意識する②主語と結語のねじれ＜不一致＞……14
3. 主語と述語を意識する③主語と述語（結語）をできるだけ近づける……15
4. 主語と述語を意識する④主語を省略してもいい場合がある……16
5. 「一文には一つの情報」を守る……17
6. 「一つの段階には一つのテーマ」を守る……18
7. 結論を書いてから説明に入る……20
8. 読点（，）の位置を意識する……21
9. 修飾関係にある語は近づける……22
10. 接続詞に注意する……24
11. 「て，に，を，は」を意識する……26
12. 重言（重ね言葉）は避ける……27
13. 話し言葉は避ける……28
14. 同じ語の繰り返しは避ける①「こと」……29
15. 同じ語の繰り返しは避ける②「が〜」「は」……30
16. 同じ語の繰り返しは避ける③「の」……31
17. 敬語を学ぶ①尊敬語・謙譲語・丁寧語……32
18. 敬語を学ぶ②言葉を言い換える……34
19. 敬語を学ぶ③言葉を加える……36
20. 敬語を学ぶ④二重敬語は避ける……38
21. 敬語を学ぶ⑤ら抜き言葉は避ける……39
22. 敬語を学ぶ⑥美化語を知る……40
23. 確認テスト①……41
24. 確認テスト②……42
25. 確認テスト③……43

26　確認テスト④……44
　27　確認テスト⑤……45
　28　確認テスト⑥……46
　29　確認テスト⑦……47
　30　確認テスト⑧……48
●　解答例……50

第2章　短文を書こう

はじめに――苦手意識をなくそう……60

第1節：視点をつくる……61

　1　短文を作ろう①……61
　2　短文を作ろう②……62
　3　書きたいことをはっきりさせよう①……64
　4　書きたいことをはっきりさせよう②……66
　5　書きたいことをはっきりさせよう③……68

第2節：語彙を広げる……70

　1　いいところ探し①……70
　2　いいところ探し②……72
　3　曖昧な表現を具体的な表現へ①……74
　4　曖昧な表現を具体的な表現へ②……76
　5　事実と自分の意見①……78
　6　事実と自分の意見②……80
　7　自己表現としての文章……82

第3章　保育に関係する文章を書いてみよう

第1節：連絡帳を書いてみよう……84
1. けがについて報告しよう……86
2. 物を持参してもらうようお願いしよう……88
3. 生活リズムを整えるようにお願いしてみよう……90
4. 子どもの育ちを伝えよう……92

第2節：おたよりを書いてみよう……94
1. プール遊びのお知らせ……96
2. 懇談会の案内を書いてみよう……98
3. 栄養だよりを書いてみよう……100
4. 保健だよりを書いてみよう……102

第3節：指導計画を書いてみよう……104
1. 登園時の指導計画を書いてみよう……106
2. 絵本の読み聞かせの指導計画を書いてみよう……108
3. プール遊びの指導計画を書いてみよう……110
4. 未満児の指導計画を書いてみよう……112

第4節：実習日誌を書いてみよう……114
1. 観察したことを記録しよう……116
2. 幼児の活動や実習の内容について書いてみよう……118
3. 一日の感想・反省を書いてみよう……120

第5節：研修レポートを書いてみよう……122
1. 「研修会で学んだこと」を書いてみよう……124
2. 「研修会で学んだこと」を書いてみよう〜推敲・添削編〜……126
3. 「研修会で学んだこと」を書いてみよう〜実践編〜……128

第1章 文章を書く上での基本的な約束事を身につけよう

第1節：文章を書くという営み…

1. どのような文章を目指すべきなのか？　〜文章は簡潔に書こう〜

　保育者が書かなければならないものには，保育日誌（記録），園だより，連絡帳，研修レポートなどがあります。

　しかし，いずれも基本的には簡潔な文章を目指せばいいでしょう。ここでいう「簡潔な文章」とは，「自分の言いたいことが読み手に誤解なく伝わる文章」を指します。一読してすっと頭に入ってくる文章です。難解な文章を好んで書こうとする人がいますが，伝わらなければ意味はありません。常に読み手を意識して書くことが重要なのです。

> ★ Point　簡潔な文章とは？
>
> 　自分の言いたいことが読み手に誤解なく伝わる文章
> 　⇒　読み手を意識する

2. 書く目的によって文章の構成が異なることを知ろう

　文章の構成は，学術図書，論文（レポート），新聞，小説，エッセイなどによって異なってきます。しかし，自由な構成で書かれることの多い小説，エッセイを除いては，濃淡はあるにせよ文章の構成には一定の原則があります。保育者が書かなければならない保育日誌（記録），園だより，連絡帳，研修レポートも同じです。基本的に，序（論），本（論），結（論）という三部構成で書くことを心がければよいでしょう。

　この構成は，基本的に論文（レポート）を書くときの約束事ですが，簡潔に文章をまとめるという作業をする上において示唆的です。序（論）は，自分の意見や主張を述べるところです。問題提起を行うわけです。本（論）では，具体例を用いて自分の考え（主張）をくわしく説明します。結（論）で序（論）と本（論）のまとめをします。最後に，自分の主張やその文章を書いた意図を強調してしめくくるわけです。量的な配分ですが，序（論）・結（論）で3割程度，本（論）で約7割程度が妥当なところでしょう。

　このような構成をもった文章を，論理的な文章といいます。論理的というのは，自分の主張・意見に論拠や根拠を持たす（理由づけをする）ということです。

> 序（論）・・・問題意識を書く
> 本（論）・・・実例を挙げて自分の意見・主張をサポートする
> 結（論）・・・まとめる（「序」+「本」≒ 結論）

　他には，起承転結という形式があります。これも悪くはありません。
　しかしこの形式は，比喩的効果を高めることを目的とするもので，主として文学的表現に適しています。一歩間違うと，全体的に長ったらしい（だらだらした）文章になる可能性が出てきます。結果として，読み手に自分の考えが伝わらなくなってしまう恐れがあります。
　以上から，簡潔な文章を目指すという意味においては，三部構成で書くのがよいでしょう。

3. 文章が上達するための秘訣

　きどった文章を書く必要はありません。名文を書く必要もありません。大切なのは，求めている情報を読み手にわかりやすく伝えることです。
　読み手を意識して簡潔に文章をまとめることに文才は必要ありません。ただ，基本的な約束事を身につけさえすればよいのです。

「基本的な約束事」については第2節に譲るとして，まずは次のことを心がけてください。

《Step 1》

> ①書くことに慣れる。
> ②たくさんの本を読む。

　たくさん文章を書くことによって，「書く」という作業に抵抗がなくなります。日記をつけるなど，まずは書くことに慣れましょう。
　次に，読書量を増やしましょう。本をたくさん読むことにより，自然に文章力が身についていくものです。また，「この表現はおかしい」など，文章上の問題点を感覚的（経験的）に判断できるようになります。更には，本を読む中でいい表現を見つけたら，それらをノートに書き留めていきましょう。そして文章を書く際，それらの表現を使ってみましょう。

何かを書き終わったら，以下のことに留意してください。

《Step 2》

> ①実際に書いたものを何回も読み直して推敲する。
> ②自信のない表現は必ず辞書を引いて確かめる。
> ③他人に読んでもらい，添削をしてもらう。

「一度書いてしまったらもう終わり」ではだめです。何度も読み返してくだ

さい。そうすればまずい表現，論理矛盾に気づく可能性が高くなります。

次に，自信のない表現はそのままにしておかず，必ず辞書で調べてください。

最後に，自分の書いたものを他人（「文章がうまい」とみなさんが判断した人）の目に触れさせることも重要です。自分では気づかない文章上の不具合を指摘してもらえることが多い，という点において非常に有意義です。

4. 問題に挑戦してみよう

《Question》

次の文章は，保育実習生が実習先の園に提出したものです。不適切（あるいは誤り）と思われる日本語表現（語句，文）には下線を引いてあります。なぜ不適切な表現なのか考えてみてください。　　※同じ番号のものは，不適切と思われる理由が同じということ。

　　　私が保育実習で学びたいことは，保育者が毎日保育園ではどのような事をして過ごしているのかや，どのようにして子どもに接しているのかについて学びたいと思っています。①「子どもとの遊び方」「おむつの取り換え方」「子どもの抱き方」など，子どもとの接し方は短大の授業で学びましたが，勉強したことと実際の関わりとでは勝手が違うと ③ゆう ②ことを，園長先生がオリエンテーション時に話されていました。他にも学ぶことがたくさんあると思います。③なので実習では，先生方のご指導を仰ぎながら多くのことに挑戦していきたいと考えています。

　　③あと，④ピアノを弾くのはあまり得意ではない③けど，④先生方から「弾いて下さい」と言われたら頑張って弾きたいと思いますし，短大では「手遊び研究会」というクラブに所属して手遊びを勉強しているので，子どもたちとたくさん手遊びをしたいと思っています。③やっぱ，実習は保育者を目指す学生にとっては大切なので，最後まで気持ちを引き締めて⑤取り組んでいきたいです。

（1）不適切と思われる理由を書いてください。

① (　　　　　　　　　　　　　　　　　　　　　　　　　　　　　　　　　　　)
② (　　　　　　　　　　　　　　　　　　　　　　　　　　　　　　　　　　　)
③ (　　　　　　　　　　　　　　　　　　　　　　　　　　　　　　　　　　　)
④ (　　　　　　　　　　　　　　　　　　　　　　　　　　　　　　　　　　　)
⑤ (　　　　　　　　　　　　　　　　　　　　　　　　　　　　　　　　　　　)

《解答例》

① (一文のなかに「学びたい」が二つ入っており，くどい。どちらかの「学びたい」をとる)
② (主語と述語にねじれ（不一致）が生じている)

③ (「口語表現＝話し言葉」になっている)
④ (一文が長いため，いろいろな情報が入っている)
⑤ (文法的には誤りではないが幼い表現になっている)

(2) 上の文章を訂正してみましょう。

《解答例》
　私が保育実習で学びたいことは，保育者が保育園でどのような仕事をしているのかや（のとか），どのように子どもに接しているのか（のとか），についてです。「子どもとの遊び方」「おむつの取り換え方」「子どもの抱き方」など，子どもとの接し方は短大の授業で学びました。しかし，勉強したことと実際の関わりとでは勝手が違うということを，園長先生がオリエンテーション時に話されていました。他にも，学ぶことがたくさんあると思います。ですから実習では，先生方のご指導を仰ぎながら多くのことに挑戦していきたいと考えています。
　他には，ピアノを弾くのはあまり得意ではありません。しかし，先生方から「弾いて下さい」と言われたら頑張って弾きたいと思います。加えて（また）短大では，「手遊び研究会」というクラブに所属して手遊びを勉強しているので，子どもたちとたくさん手遊びをしたいと思っています。
　やはり，実習は保育者を目指す学生にとっては大切なので，最後まで気持ちを引き締めて取り組んでいきたいと考えています。

　次の第2節では，この例文で訂正したポイントをひとつひとつ確認していきます。

第2節：知っておきたい文法事項・文章作法

　この節では文法事項について学びます。言葉は，時代とともに変化していくものです。更に言葉には，地域・男女差があります。ということもあり，こと文法に関しては文法学者（研究者）のなかでも様々な意見があるのです。
　そこで本書では，「簡潔さ」（読み手への配慮）を前提とした文法解釈（文章作法）を文章を書く上での「基本的な約束事」とみなし，みなさんに紹介していくことにします。

本書でいうところの
基本的な約束事（文法事項・文章作法）　⟹　簡潔さ（読み手への配慮）
を決める際の判断基準

1　主語と述語を意識する① 　長文を避ける（一文を短くする）

　わかりやすい文章になるかどうかは，主語と述語が適切に使われているかにかかっています。この項「1」のポイントは，「一文を短くする」です。

[好ましくない例]
　私は短大に入る前，保育者は子どもと遊んだり時には怒ったりするだけだと簡単に考えていましたが，短大に入って学ぶなかで，こんなことまで勉強するのかと思うようになりました。

上の例でも間違いではありません。
しかし…，文は短い方がわかりやすいのです。

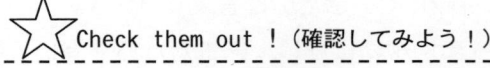

Check them out！（確認してみよう！）

　　Q．主語と述語はどれでしょうか？
　　A．主語：私は
　　　　述語：〜考えていました／〜思うようになりました
　　《解説》
　　　主語一つに，述語が二つあります。
　　　更にこの例文には，主語と述語の関係のものがもう1組あります。

この例文の構造を厳密に分解すると，次のとおりになります。

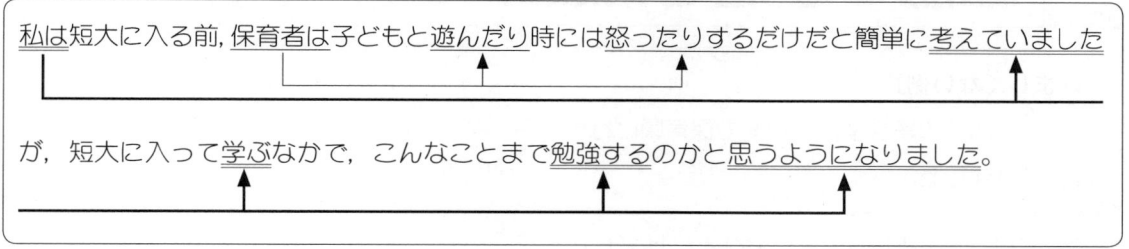

[大きな主語] → 「私は」
[大きな述語] → 「〜考えていました」「〜思うようになりました」「学ぶ」「勉強する」
　　＊本書では「大きな主語／述語」を，（その）文の本当の主語・述語ということにします。

　　　　[小さな主語] → 「保育者は」
　　　　[小さな述語] → 「遊んだり」＋「怒ったりする」

《解答例》
　（私は）短大に入る前，保育者は子どもと遊んだり時には怒ったりするだけだと簡単に考えていました。しかし，短大に入って勉強していくなかで，こんなことまで勉強するのかと思うようになりました。

　　　★　Point　一文が長い場合，2・3の文に分ける
　　　　　⇒　文章が簡潔になる
　　　　　　　　→読みやすくなる（内容が理解しやすくなる）
　　　　　⇒　主語・述語（結語）の関係が明確になる
　　　　　　　★短文≒「主語一つ」＋「述語一つ」

✍考えてみよう！
　たくろうくんは，運動会の数日前の練習で膝にけがをしてしまいましたが，がんばりやのたくろうくんは，痛み止めの注射をうってかけっこに出場し，みごと一等賞を獲得しました。

(解答 p. 50)

2 主語と述語を意識する② 主語と結語のねじれ（不一致）

[好ましくない例]
　私は，高校の総合学習の授業で保育園に行き，子どもたちといっしょに粘土遊びをしたのでよろこびました。

この文はしっくりこないですね。なぜでしょう？

☆ Check them out！（確認してみよう！）

Q. 主語と述語はどれでしょうか？
A. 主語：私は
　　述語：～行き／～遊びをした／～よろこびました

《解説》
　　三つの述語は同じ主語ですか？
　「行き」「粘土遊びをした」の主語は「私」ですが，「よろこびました」の主語は「私」ではないですね。「よろこんだ」のは「子ども」です。
　この文章は，主語と述語が一致していません。このような主語と述語にねじれがおこらないためにも，一文は短い方がよいのです。

《解答例》
　私は，高校の総合学習の授業で保育園に行きました。そこで，子どもたちといっしょに粘土遊びをしました。子どもたちは，よろこびました（よろこんでくれました）。

★ Point 一文が長い場合，2・3の文に分ける
　⇒ 主語と述語（結語）を意識できる（しやすくなる）
　→ 主語と述語（結語）のねじれ（不一致）防止になる
　※「短文」の原則が守られると，ねじれの問題は自然に消滅することもあります。

✍考えてみよう！
　保育とは，子どもの発達に参加する仕事で，確かな目で幼児の一人ひとりの姿をとらえ吟味し，子どもが必要とする刺激を与え，援助することが保育者の役割である。

（解答 p. 50）

3 主語と述語を意識する③   主語と述語（結語）をできるだけ近づける

[例]
　私は，親と子どもが楽しく遊んでいる姿をみてほっとした。

上のような短い文では，特に問題はありません。
しかし，一文が長い場合は…？

☆ Check them out！（確認してみよう！）

　　Q．大きな主語と述語はどれでしょうか？
　　A．**主語**：私は（大きな主語）／親と子どもが（小さな主語）
　　　　述語：ほっとした（大きな述語）／遊んでいる（小さな述語）

《解答例》
親と子どもが楽しく遊んでいる姿をみて，私はほっとした。

　★ Point　一文が長い場合，主語と述語はできるだけ近くに置く
　　　⇒　読み手が安心する
　　　※一文が長い場合，主語と述語が初めと終わりだと文章が「ねじれ」（不一致になり）やすい。

考えてみよう！
　この保育実践は，保育者の子どもとの関わりが円滑になることを目的としている。

（解答 p.50）

4 主語と述語を意識する④   主語を省略しても いい場合がある

[主語のない例]
　保育現場では，「子どもの目線に立って考える」というのが常識と考えられている。

上の文は誤りではありません。ただ，主語が省略されているだけです…。

 Check them out！（確認してみよう！）

　　　Q．この文の大きな主語は？
　　　　 大きな述語（結語）は？
　　　A．主語：「？」
　　　　 述語：「～と考えられている」
　　　　 ＊「保育現場では」は主語ではありません。
　　　　　 文全体を修飾する（副詞的）修飾語です。

《解答例》
〈主語を表す〉
・保育現場の保育者は（主語），「子どもの目線に立って考える」というのが常識と考えている。
〈主語を省略する〉
・保育現場では（修飾語），「子どもの目線に立って考える」というのが常識と（「保育現場の保育者によって」あるいは「一般に」）考えられている。

　　　★ Point　主語は場合によっては省略できる
　　　⇒ ①主語を省いても（前後の文から）意味が明らかな場合
　　　　　　…文の流れから判断する
　　　⇒ ②「人々」「世間」が主語の場合
　　　⇒ ③一般的な真理や客観的な事実を述べる場合

 考えてみよう！

　上の例文は，ポイント①～③のうちどれに該当するか，答えてください。　〔　　　〕

（解答 p. 50）

5 「一文には一つの情報」を守る

[好ましくない例]
　子どもには，のびのびと楽しく自由に遊べる安定した環境や場所を与えられることが大切で，私は，それが保育者にとって援助する上で一番注意しなければならない点だと思います。

上の例でも間違いではありませんが，少し理解しづらいですね。
というのも，一つの文に二つの情報が入っているからです。

☆ Check them out！（確認してみよう！）

　Q1．大きな主語と述語（結語）はどれですか？
　A．主語：「私は，」
　　　述語：「～（だと）思います」
　Q2．二つの情報（内容）とは何ですか？
　A．・のびのびと楽しく自由に遊べる安定した環境や場所を与えられること
　　　・援助する上で一番注意しなければならない点

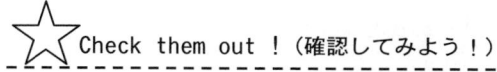

《解答例》
　子どもには，のびのびと楽しく自由に遊べる安定した環境を与えられることが大切です。私は，それが保育者にとって援助する上で一番注意しなければならない点だと思います。

★ Point　2～3の文に分ける
　　⇒　短文にすることにより，一文に多くの情報が入りにくくなる

☞考えてみよう！
　私は，短大で保育を学び職に就いたのですが，プロとしてはまだまだ半人前であり，さらなる勉強が必要と思い大学への編入を決意しました。

（解答 p. 50）

6 「一つの段落には一つのテーマ」を守る

[問] 次の文章を改行してください。該当する部分に「/」をつけましょう。
　最近の母親は子どもに対するしつけがなっていないと思う。私が書店に行ったとき，ひとりの子どもが音の出る本で遊んでいた。はじめは，まあ子どもだからと思ってがまんしていた。しかし，一向にやめる気配はなかったので，だんだんイライラしてきた。しばらくして，母親が子どもの方を見てひと言。「ほら，やめなさい。お姉ちゃん（私のこと）にしかられるよ」と言った。どうしてこの親は，周りの人を使って怒ったのだろうか。子どもに対する怒りよりも，この親に対して怒りがこみあげた。

段落のない文章ほど読みにくいものはありません…。
文章全体を視覚的なものにするために，改行しましょう。

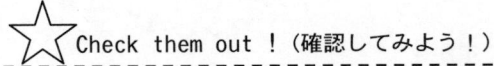Check them out！（確認してみよう！）

　　Q. 次の文がどのような場合に改行しますか？
　　A. ①前後の文脈（文の流れ）と内容が異なる文
　　　　②逆接を導く接続詞「しかし」で始まる文

　　　《解説》
　　　※すべての「しかし」を改行する必要はありません。あくまで強い逆説が後に続く場合のみ，ということです（弱い逆接が後に続く場合，必ずしも改行する必要はないということです）。
　　　※「逆接」については，「接続詞」の項（24～25頁）を参照してください。

《解答例》
　最近の母親は子どもに対するしつけがなっていないと思う。
　私が書店に行ったとき，ひとりの子どもが音の出る本で遊んでいた。はじめは，まあ子どもだからと思ってがまんしていた。
　しかし，一向にやめる気配はなかったので，だんだんイライラしてきた。しばらくして，子どもの母親が子どもの方を見てひと言。「ほら，やめなさい。お姉ちゃん（私のこと）にしかられるよ」と言った。
　どうしてこの親は，周りの人を使って怒ったのだうか。子どもに対する怒りよりも，この親に対して怒りがこみあげた。

　　　★Point　内容の異なる文（内容の違う話）は一文でも改行する
　　　　⇒　文章全体が視覚的になる
　　　　　※同じ内容でも，文章が長くだらだらと続くときは，5行目か6行目で改行する
　　　　　→　<u>読みやすさの追求！</u>

考えてみよう！

　保育とは，基本的には子どもとのかかわりです。若いころは，どちらかと言えば体当たりで子どもを援助してきました。しかし，主任ともなるとそういうわけにはいきません。子どもとのかかわりだけではなく，ひろく園全体の運営にも関与しなければなりません。ところが，保育現場の運営に関する本は意外にもあまり見当たりません。しかしある書店で，そのような内容が含まれている本を偶然に見つけました。

(解答 p.51)

7 結論を書いてから説明に入る

[例]
　幼稚園教諭は，よりよい社会人として子どもの模範になるべきだから，普段から自らの生活を清く保つべきである。　（※この例は筆者が支持する考えではありません。）

論理的な文にすれば簡潔になります…。
論理的な文とは，結論を先に述べ，その後に理由づけする（根拠をあげる）ことを指します。

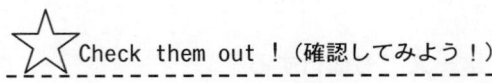Check them out！（確認してみよう！）

　Q1．結論はどれですか？
　A．結論：〜生活を清く保つべきである
　Q2．理由を説明している文はどれですか？
　A．理由／説明：よりよい社会人として〜模範になるべきだから
　　《解説》
　　　※この文の前には，理由を説明する（根拠を示す）ときに使われる「接続詞」（なぜなら，その理由は，というのも（は））で文をつなぐとよいでしょう（接続詞の項を参照）。

《解答例》
　幼稚園教諭は，普段から自らの生活を清く保つべきである（結論）。というのも，よりよい社会人として子どもの模範になるべきだからだ（理由／説明）。

　　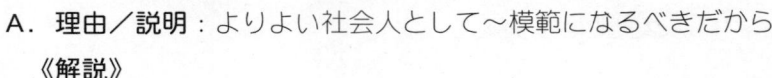Point　結論を書いてから説明に移る
　　　　⇒　論理的な文になる（特に，報告書＆論文レポートなど）

考えてみよう！
　自分から積極的にものごとに取り組む性質を子どもはもっているので，保育者は子どもの自発性をさまたげる保育をしてはいけない。

....
....
....
....

（解答 p. 51）

8 読点（, ）の位置を意識する

[例]
　　まことくんは毎朝6時に起きて散歩をする。

読点は書き手の息づかいです。
しかしある程度，打つ位置についての法則性（原則）はあります。

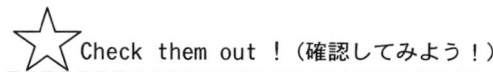
Check them out！（確認してみよう！）

　　Q．どこに読点（, ）を打ちますか？
　　A．・主語の後に打つ
　　　　　　読点を打つとき，まず最初に考えなければならない位置が「主語の後」です。
　　　　・他には…
　　　　　　接続詞の後に打つ／二つの対になる文をつなぐときに打つ／理由，条件や限定などを表す語句のあとに打つ／文の意味をはっきりさせるために打つ／かな同士がつながっていて，読みにくいときに打つ／意味が異なる漢字が続くときに打つ
　　　　　　などがあります。

《解答例》
　　まことくんは，毎朝6時に起きて散歩をする。

　　　　　　読点は文を読みやすくし，誤解を招かないようにするために打つ
　　Point⇒　読点を打つべきかどうか迷ったときには，…
　　　　　①読点を打てば読みやすくなるかどうか，
　　　　　②読点を打てば誤解を招かなくなるかどうか，などを考える。

〈成川豊彦『文章の書き方』ＰＨＰ研究所，2000年，p.75〉

考えてみよう！

次の各文に読点を打ってください。
(1) 急に雨が降ってきたので子どもたちを園舎のなかに入れた。
(2) しかし園長はうれしそうだった。
(3) ゆうこ先生は午睡をしさやか先生は設定保育をした。
(4) 現在在職している幼稚園
(5) 主任のいずみ先生は楽しそうに水遊びをしている子どもたちを見ていた。
(6) よしみちゃんよりかなり背が高いたかこちゃん

（解答 p.51）

9 修飾関係にある語は近づける

[好ましくない例]
　けっしてよしこちゃんは，そのような悪いことをしない。

上の例文は必ずしも誤った表現ではありません。
　しかし一文が長くなった場合，修飾関係の語句が離れていると読み手側に（理解する上での）負担をかけることになります。

Check them out！（確認してみよう！）

　　　Q．修飾関係って何？
　　　A．修飾語：内容を詳しく説明，あるいは限定する語（文節）
　　　　　被修飾語：詳しく説明される，あるいは限定される語
　　　《解説》
　　　　※けっして（修飾語）→しない（被修飾語）

《解答例》
　よしこちゃんは，そのような悪いことをけっしてしない。

　　　Point　修飾語は，修飾される語（被修飾語）の近くに置く
　　　　⇒　文の意味が通じやすくなる

考えてみよう！

(1) かなり今回のテストは，よくできたと思う。

(2) 絶対，○○ちゃんは嫌とは言わないでしょう。

(3) あまり私たちは，そのことについて深く考えることはありません。

(4) 果たして，援助と学びの過程がプログラム化されたコンピュータに，保育者の役割を委ねることができるでしょうか。

(解答 p. 52)

10 接続詞に注意する

[問]（ ）の中に適切な接続詞を入れてください。
①演芸会の準備のため，朝五時に起きなければならなかった。（　　　），②夕べは早く寝た。
（　　　），③目覚まし時計が壊れていて，寝坊してしまった。

適切な接続詞を使うことができるようになろう。

☆Check them out！（確認してみよう！）

Q．接続詞とは何でしょう？
A．接続詞とは，前の言葉と後の言葉をつなぐ語です。
接続詞を意味上から分類すると，次のようになります。

- 順接：「雨が降った。だから，延期だ」のように前のことがらが原因・理由となり，その順当な結論が後にくることを示す。
  （例）「すると」「だから」「それゆえ」
- 逆接：「雨が降った。しかし，行こう」のように逆の事がらが後に来ることを示す。
  （例）「しかし」「けれども」「ところが」
- 並立・累加（添加）：「家に帰り，それから，出かける」のように並べたり，付け加えたりすることを示す。
  （例）「また」「しかも」「そして」
- 対比・選択：「延期ですか，それとも，決行ですか」のように比べるか，どちらかを選ぶとかを示す。
  （例）「あるいは」「もしくは」
- 説明：「決行だ。ただし，目的地を変える」のように，前の事がらの説明や補いを示す。
  （例）「つまり」「たとえば」「ちなみに」「なぜなら」
- 転換：「さて，次は何をしようか」のように話題の変わることを示す。
  （例）「ところで」「さて」「では」

《解説》
※接続詞を文章の中で多く使うとくどくなる，接続詞は最小限の使用に，と主張する識者もいます。しかし，文と文との論理的な関係を明確にする（文の流れをすっきりさせる）には，接続詞を多用すべきと筆者は考えます。

《解答例》
　①演芸会の準備のため，朝五時に起きなければならなかった。（だから），②夕べは早く寝た。（しかし），③目覚まし時計が壊れていて寝坊してしまった。

　　　　　　　※「だから」…順接の接続詞（下線①を理由にして，後の下線②のことを述べる場合に用いる）
　　　　　　　　「しかし」…逆接の接続詞（下線③が，下線②から考えられる内容と反対の場合に用いる）

> ★ Point　接続詞を誤用すると意味の通らない文章になってしまう

考えてみよう！

次の（　）に入るのにふさわしい接続詞を後のア～カから選んでください。

(1) 雨が上がった。（　　）試合を続けた。
(2) 窓を開けてください。（　　），暑いからです。
(3) 新郎新婦（　　）ご列席の皆さま，本日はまことにおめでとうございます。
(4) 子どもの考えを共感でき，（　　）受容できる保育者が求められてくる。
(5) 悲しかった。（　　）泣かなかった。
(6) カウンセリング・マインドとは，子どもの気持ちを推し量る態度，（　　）子どもの気持ちを理解しようとする保育者の姿勢のことである。

```
ア．けれども　　イ．つまり　　ウ．かつ　　エ．なぜなら　　オ．ならびに
カ．だから
```

（解答 p. 52）

11 「て，に，を，は」を意識する

[好ましくない例]
　子どもは遊ぶのが忙しい

「てにをは」が正確に使われていないと，座りの悪い文章になってしまうのです…。

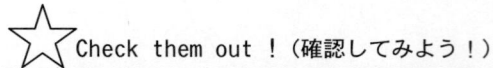Check them out !（確認してみよう！）

　　　　Q．格助詞って何？
　　　　A．格助詞：格助詞とは，名詞について他の語との関係をつくりだすものです。
《解説》※「てにをは」とは格助詞のことです。
　　　　　　⇒ 「『てにをは』が合わない」というとき，格助詞の使い方が適切でないことを指す
　　　　※「遊ぶのが」の「の」「が」ともに格助詞（の＝準体言／が＝主格）。
　　　　　　⇒ 例文の「子どもは」の「は」は主格。よって，主格の重複により表現的にやや未熟。よって，避ける方が望ましい。
　　　　　　⇒ 誤りではないが，「〜は」「〜が」と主部に主格が二つある。
　　　　　　　「遊ぶのに」の「の」「に」もともに格助詞（の＝準体言／に＝対象をあらわす「に」）。しかし，主格の重複にはならない（「遊ぶことに忙しい」となり，表現としては穏やか）。

《解答例》
　子どもは遊ぶのに忙しい

　　　★ Point　常に格助詞を意識して新聞などを読む
😊考えてみよう！
　次の（　　）に，適切な助詞を下から選び入れ文章を完成させてください。

　園長（　　）午睡の時間に入ってきた。みゆき先生は，眠っている子どもたち（　　）見ていた。それを見ていた園長が，みゆき先生の援助のしかた（　　）興味をもった。子どもを起こす時間（　　）後何分あるのだろう，と園長は掛け時計をみた。みゆき先生は，自分の腕時計（　　）時間を確かめた。園長がその時計（　　）近づくと，一人の子どもが目を覚ました。園長は，その子ども（　　）話をした。子どもは，園長（　　）胸に顔をうずめた。他の子どもたちも，タオルケット（　　）起き出てきた。
　　　が，　から，　で，　と，　に，　の，　へ，　まで，　を　　　（解答 p. 52）

12 重言（重ね言葉）は避ける

[好ましくない例]
　二年間という短い期間で…

必ずしも誤りではないのですが…

☆ Check them out！（確認してみよう！）

　　　　重言（じゅうげん）：同じ意味の言葉を重ねて用いた表現
　　　　　　　　⇒　重ね言葉

《解答例》
　二年という短い期間で

　　Point　重言をつかうと文章が稚拙な（幼い）表現になるので，できるだけ避ける

👉 考えてみよう！ ●━━━━━━━━━━━━━━━━━━━━━━●

次の重言をすっきりした形にしてみましょう。

一番最初に　　　（　　　　　　　）　　　約500円くらい　（　　　　　　　）

各保育所ごとに　（　　　　　　　）　　　いまだに未完成　（　　　　　　　）

過保護すぎる　　（　　　　　　　）　　　あとで後悔する　（　　　　　　　）

毎土曜日ごとに　（　　　　　　　）　　　ただ今の現状は　（　　　　　　　）

不快感を感じる　（　　　　　　　）　　　約二週間ほど　　（　　　　　　　）

もう一度繰り返す（　　　　　　　）　　　はっきり断言する（　　　　　　　）

　　　　　　　　　　　　　　　　　　　　　　　　　　　　（解答 p. 52）

13 話し言葉は避ける

[好ましくない例]
　よしき先生は，やっぱり体調が悪そうだ。

無意識に使っていることがよくあります。

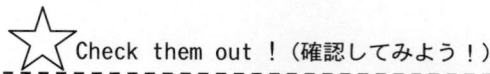

　　　　Q．どんなことに気をつければいいの？
　　　　A．日頃から口語（話し言葉）と文語（書き言葉）の区別を意識しておきましょう。

《解答例》
　よしき先生は，やはり体調が悪そうだ。

　　　Point　話し言葉は避ける
　　　　⇒　整った書き言葉のなかにくだけた調子の話し言葉が混じると，不自然な印象を受ける
　　　　⇒　文章が稚拙なものになる

考えてみよう！

(1) なんでわたしばっかりが責められるのか，理解できない。

....
....
....

(2) ゆきこ先生は，わりかし同僚の先生に信用があり，何やか（ん）やと相談を受けることが多い。

....
....
....

(解答 p. 53)

14 同じ語の繰り返しは避ける① 「こと」

[好ましくない例]
　保育園の方針がはっきりしないことは，保育士にとっては不安なことである。

「こと」「こと」と繰り返すのは，「並立」という意味では間違いではありません。
しかし，「こと」を使い過ぎると表現が少しくどくなります。

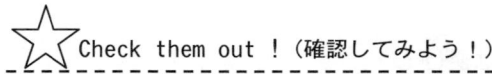Check them out！（確認してみよう！）

　　　Q．「〜こと」が続く場合どうしたらよいでしょうか？
　　　A．なくても意味が通じるか，別の表現がないかを考えてみましょう。
　　　　※以下「15」「16」の「の」「は」「が」も同じです。

《解答例》
　保育園の方針がはっきりしないと，保育士にとっては不安である。

　　　Point　必要以上に「〜こと」を繰り返さない

☞考えてみよう！

保育士は，子どもへの関わりが共感的になることも，感情的になることもある。

（解答 p. 53）

第1章　文章を書く上での基本的な約束事を身につけよう　29

15 同じ語の繰り返しは避ける② 「が〜」「は」

[好ましくない例]
この絵本には，子ども が 好む色 が たくさん使われている。

《解答例》
　この絵本には，子どもの好む色がたくさん使われている。

　　Point 「が（は）〜が（は）〜」の表現は避ける
　　　⇒ 読みにくい（うるさい感じがする）
　　　⇒ 内容がわかりにくくなる（文のしまりがなくなったり，意味があいまいになったりする）

考えてみよう！

(1) 子どもが顔がほころぶ声掛け〜。

(2) 今日は仕事は終わった。そこで私は，夜はヒップホップ・ダンスの練習をすることにした。

(3) 私は，今日は頭は痛くないので，薬は飲まなかった。

(解答 p.53)

16 同じ語の繰り返しは避ける③ 「の」

[好ましくない例]
　保育所 の 設立 の 条件 の いくつかは，〜。

《解答例》
　保育所を設立するための条件のいくつかは，〜。

　　　⭐ Point 「の」は3回続けて使わない
　　　　⇒　間延びした文になる
　　　　⇒　読みにくくなる

☞考えてみよう！　●―――――――――――――――●

さやかちゃんの服の胸のポケットには，〜。

(解答 p. 53)

17 敬語を学ぶ① 尊敬語・謙譲語・丁寧語

[問] まずは，次の文の下線部分を（ ）内の指示どおり，敬語に書き換えてみましょう。

①今，何と<u>言った</u>のですか。（尊敬語で）
_____

②あき先生の保育実践をぜひ<u>見たい</u>。（謙譲語で）
_____

③わざわざおこしくださり，恐縮に<u>思います</u>。（謙譲語で）
_____

④花が<u>咲いている</u>。（丁寧語で）
_____

⑤先生はどこに<u>いますか</u>。（尊敬語で）
_____

⑥のりかは私の<u>子どもだ</u>。（丁寧語で）
_____

⑦このお菓子を<u>食べなさい</u>。（尊敬語で）
_____

約束事をおさえれば敬語を習得するのは簡単です。

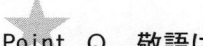

Point Q．敬語は，どんな人に対して使うの？
　　　　A．敬語は，基本的に「初対面の人，面識のない人」「目上の人」「仕事上，業務上でつながりのある人」などに対して使われます。

《解答》
①今，なんとおっしゃった（言われた）のですか。
②あき先生の保育実践をぜひ見せていただきたい（拝見したい）。
③わざわざおこしください，恐縮に存じます。
④花が咲いています。
⑤先生はどこにいらっしゃいますか。
⑥のりかは私の子どもです。
⑦このお菓子を召し上がれ（召し上がってください）。

《解説》
尊敬語：こちら側が相手を敬う言葉遣い
謙譲語：こちら側が相手に対してへりくだった気持ちを表すもの（いわゆる謙遜語と呼ばれるもの）
丁寧語：言葉そのものをていねいに表現することで相手に敬意を払うもの（尊敬や謙譲の意味合いではなく）

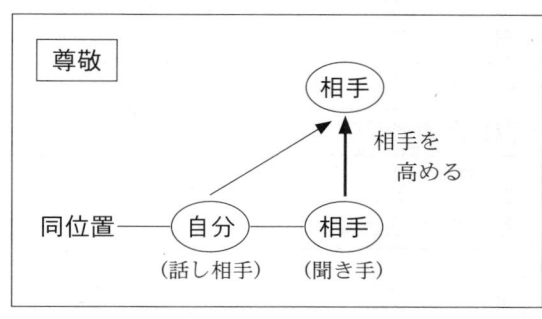

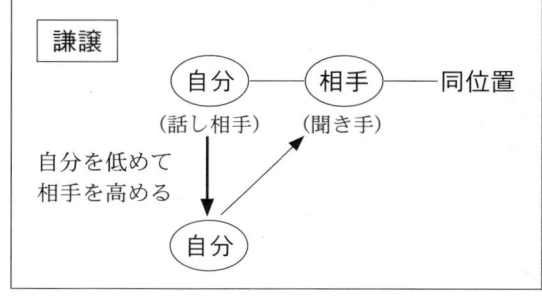

18 敬語を学ぶ② 言葉を言い換える

敬語の中でも「尊敬語」と「謙譲語」を使う場合,「言葉を言い換える」場合と「言葉を加える」場合とがあります。

[例]
- 尊敬語:「聞く」
    - ①言葉を言い換える　⇒　お耳に入る
    - ②言葉を加える　　　⇒　お聞きになる／聞かれる
- 謙譲語:「聞く」
    - ①言葉を言い換える　⇒　うかがう(拝聴する／承る)
    - ②言葉を加える　　　⇒　お聞きする(いたします)

言葉を言い換える〈覚えよう!〉

普通の言葉	謙譲語	尊敬語
言う	申す,申し上げる	おっしゃる
行く	うかがう,まいる	いらっしゃる,おいでになる
いる	おる	いらっしゃる,おいでになる
来る	うかがう,まいる	いらっしゃる,お見えになる,お越しになる
聞く	拝聴する,うかがう	お耳に入る,お聞きになる
着る	着させていただく	お召しになる
する	いたす	なさる
食べる	いただく,頂戴する	召し上がる
見る	拝見する	ご覧になる
もらう	いただく,頂戴する	お納めになる

考えてみよう！

下線部を適切な敬語表現に書き換えてください（誤りのない例文も含まれています）。

(1) このミネラルウォーターは，冷やしてお飲みになると，おいしく<u>いただけます</u>。

(2) 今主任が<u>申された</u>提案に賛成です。

(3) あやか先生に，一度<u>お目にかかって</u>いただきたいと存じます。

(4) 運動会の次第についてのご不明な点は，まゆみ先生に<u>うかがって</u>ください。

(5) もうすぐ，ほがらか保育園の先生が<u>参る</u>はずです。

(6) 保護者が保育室に入って<u>こられた</u>。

(7) <u>変更する</u>場合はご連絡ください。

(8) 写真の焼き増しをご希望の方が<u>おられましたら</u>，お電話ください。

(9) 猫にエサを<u>あげました</u>。

（解答 p. 53）

「ペットにエサをあげる」は正しい？

特に女性が日常的に使う表現です。

その背景には，「やる」には乱暴な響きをもつ，ということがあるのでしょう。もともと「あげる」は，「物の位置を物理的に上昇させる」だったこともあり，「やる」と比べて丁寧な意味でつかわれてきたようです。現在では広く定着しつつある表現です。

ちなみに九州では，「あげる」という意味合いで「やる」を使っており，それには乱暴な意味は含まれていません。このように，地域差や男女差があるところに言葉（敬語）の奥深さがあるのです。

19 敬語を学ぶ③　言葉を加える

言葉を加える〈覚えよう！〉

《尊敬語》

- ◆「れる」「られる」：言葉の後ろに「れる」「られる」「なさる」の形をつける
  - ・動詞（名詞）＋れる（られる／なさる）
  - 「言う」→「言われる」／「見る」→「見られる」／「出発する」→「出発なさる」
- ◆「お～になる」（「ご～なさる」）：言葉の前に「お（ご）」，後ろに「になる（なさる）」の形をつける
  - ・お（ご）＋動詞（名詞）＋になる（なさる）
  - 「聞く」→お聞きになる／「読む」→お読みになる
  - 「利用」→ご利用なさる（になる）／「辞退」→ご辞退なさる（になる）
- ◆「お～くださる」（「ご～くださる」）：言葉の前に「お」または「ご」，後ろに「くださる」をつける。
  - ・お（ご）＋動詞（名詞）＋くださる
  - 「待つ」→お待ちくださる／「了承」→ご了承くださる

《謙譲語》

- ◆「お（ご）～します」：言葉の前に「お」「ご」を，後に「します」をつける
  - ・お（ご）＋動詞（名詞）＋します
  - 「話す」→お話します／「連絡」→ご連絡します
- ◆「お（ご）～いたします」：言葉の前に「お」「ご」を，後に「する」の謙譲語「いたします」をつける
  - ・お（ご）＋動詞（名詞）＋いたします
  - 「受ける」→お受けいたします／「説明」→ご説明いたします
- ◆「お（ご）～いただく」：言葉の前に「お」「ご」を，後に「いただく」をつける
  - ・お（ご）＋動詞（名詞）＋いただく
  - 「伝える」→お伝えいただく／「挨拶」→ご挨拶いただく
- ◆「（さ）せていただく」：言葉の後に「（さ）せていただく」をつける
  - ・お（ご）＋動詞（名詞）＋（さ）せていただく
  - 「待つ」→待たせていただく／「確認」→ご確認させていただく

考えてみよう！

次の各文に言葉を加え，敬語にしてください。なおその際，（　）内の指示に従ってください。

(1) 後日，説明します。

（謙譲語）＿＿＿＿＿＿＿＿＿＿＿＿＿＿＿＿＿＿＿＿＿＿＿＿＿＿＿＿＿＿＿＿

(2) 保護者の方が利用しました。

（尊敬語）＿＿＿＿＿＿＿＿＿＿＿＿＿＿＿＿＿＿＿＿＿＿＿＿＿＿＿＿＿＿＿＿

(3) 園長が説明した。

（尊敬語）＿＿＿＿＿＿＿＿＿＿＿＿＿＿＿＿＿＿＿＿＿＿＿＿＿＿＿＿＿＿＿＿

（謙譲語）＿＿＿＿＿＿＿＿＿＿＿＿＿＿＿＿＿＿＿＿＿＿＿＿＿＿＿＿＿＿＿＿

（解答 p.54）

「させていただく」の発信は関西から…

敬語は，歴史的に関西方言が発達し，東日本へ広がってきました。「～（さ）せていただく」も同じです。もともと，関西の「～さしていただく」が源であるという説もあります。

「～（さ）せていただく」には「相手側の許可を得て…することを許してもらう」というニュアンスが含まれおり，一般の敬語とは異なるところです。「へりくだりすぎ」という点において，この表現の広がりに嫌悪感をあらわにする識者もいます。

20 敬語を学ぶ④　二重敬語は避ける

[好ましくない例]
　園長は何時の飛行機にお乗りいたしますか。

やたら敬語を重ねても……くどいだけなのです。

☆ Check them out！（確認してみよう！）
　「乗る」という一つの動作に対して二つの敬語を用いていないか…。
　　・「お乗り」（尊敬語）＋「いたす」（謙譲語）＝二重敬語

《解答例》
　園長は何時の飛行機に乗られますか。

★ Point　一つの動作に二つの敬語を用いない

[まぎらわしい例]
　主任のみほ先生は，いつも保育に関する本をお読みになっておいでになります。
　⇒　二重敬語？
　　　※この例は二重敬語ではありません。
　　　（理由）二つの動作に対して，それぞれ一つずつの敬語を用いているから…
　　　　　「読む」→「お読みになる」（尊敬語）
　　　　　「いる」→「おいでになる」（尊敬語）

☞考えてみよう！
　次の各文の下線部を適切な敬語表現に書き換えてください。

(1) 風邪などをお召しになられませんよう，くれぐれもご自愛ください。

(2) 昨日の会議で主任がおっしゃられた件について，再度話し合いたいのですが。

(3) ひさこ先生は，いつも保育に関する本をお読みになっておいでになられました。

(4) きらめき保育園の園長先生は男性です。

（解答 p.55）

21 敬語を学ぶ⑤　ら抜き言葉は避ける

[好ましくない（?）例]
　こんなにたくさんは食べれない。

これまで「敬語」について学んできましたが，敬語のいろいろな約束事を覚えれますか？？

☆Check them out！（確認してみよう！）

普段から「ら抜き」をしないように気を付ける
⇒　しかし，必ずしも「ら抜き」は誤りではない……という意見も。

《解答例》
　こんなにたくさんは食べられない。

★Point　ら抜き言葉は文法的に誤っている（?）

[まぎらわしい例]
「れる」「られる」には可能・受け身・尊敬の意味があり，私たちは状況によって使いわけています。
・「食べられる」→「可能」　食べることができる。
　　　　　　　　　「受け身」ケーキを誰かに食べられてしまった。
　　　　　　　　　「尊敬」　なおちゃんの保護者が，ゆうこ先生と
　　　　　　　　　　　　　夕食を食べられたそうです。

※最近では上の例（食べれる）に見られるように，「可能」の意味に「ら抜き言葉」が日常的に使われるようになっています（九州では，昔から「ら抜き言葉」が使われています）。将来的には，文法的に「ら抜き」が認められるようになるかもしれません。

☞考えてみよう！

次の文を適切な敬語表現に書き換えてください。

明日，朝5時に来れますか？

（解答 p. 55）

22 敬語を学ぶ⑥　美化語を知る

[例] 美化語を用いて丁寧な表現にしてください。
便所はどこですか。

昨日，お料理をつくろうと思い，おスーパーに行っておだいこん，おニンジン，おごぼう，お卵，おビール…を買いました。

☆ Check them out！（確認してみよう！）

言葉づかいを美しくして上品さを強調するための言葉を美化語（丁寧語の一種）といいます。
⇒　（例）「便　　所」…お手洗い（美化語）
　　　　　「どこですか」…どちらでしょうか（丁寧語）

《解答例》
お手洗いはどちらでしょうか。

★ Point　あまり使いすぎない

[その他の例]
◆言葉を言い換える例：どちら（どっち，どこ），あちら（あっち，あれ）
◆「お」をつける例：お夕食，お風呂，お食事，お野菜等（尊敬語の「お」と区別してください）
※「お」をつけすぎないこと！　二重敬語と同じでくどくなる。

☞考えてみよう！
「おご馳走さまでした」をすっきりとした言い回しにしてください。

（解答 p.55）

保育現場は美化語の嵐

美化語は，特に女性によって広められてきたものです。日常語・食事・生活において，女性が自分の品位を保持するために使ってきたのです。

例えば，自分の言葉を上品にするために「お」をつける，というようにです。そこには，「お」を付けてことばを「やさしくしよう」「丁寧にしよう」という意識が働いています。

保育現場では，「お」をつけることが多いようです。女性の職場であったことが最大の理由なのでしょう。何にでも「お」をつけすぎの感もありますが，これも文化なのでしょう。

23 確認テスト①

Q. 主語と述語を意識しながら，一文を短くしてください。

(1) 子どもに接しているといろんなことを学ぶことができますが，先日，砂場で3歳児さんがさらに小さい1歳児さんの面倒をみているところを見て，子どもは自然とそういうことができるようになるのだなと，改めて子どものすばらしさを感じました。

(2) 午前中，さやかちゃんは，ホールのすべりだいで機嫌よく遊んでいましたが，途中，お友達とけんかして，その後元気がありませんでしたが，お昼寝の後にはいつものさやかちゃんに戻って，お友達とも仲良く遊んでいる様子が見られました。

(解答 p.56)

24 確認テスト②

Q1. 主語と述語が一致するように，文章を書き直してください。

(1) さくら組のたけしくんが今日の午後から発熱し，インフルエンザではないかと心配したので，保護者に手洗いうがいの徹底をお願いした。

　

(2) 子どもの言葉の発達においては，周囲の大人の関わりが重要であり，子どもが安心して言葉を発することのできる環境をつくるよう努力したい。

　

Q2. 主語と述語の位置が近づくように，以下の文章を書き直してください。

(1) さとるくんは，保育士が，園児たちが大切にしているザリガニの水槽を掃除しているときに，お手伝いをしながら，「おおきくなれよ」と話しかけています。

　

(2) 私は，私の実習先の保育園が，各年齢の園児数が少ない小規模な園だったため，自然に異年齢集団が形成されており，年長児が年少児のお世話をしたり，年少児が年長児の真似をしたりする様子を観察することができた。

（解答 p. 56）

25 確認テスト③

Q. 以下の文章を，簡潔な文章に直してください。

(1) 絵本の読み聞かせは，単に言葉を学ぶことにつながるだけでなく，保育者とのコミュニケーションのきっかけになると思いますし，私も小さい頃は絵本を読むのが好きでしたので，保育実践で積極的に取り入れたいと思います。

(2) プール遊びでは子どもたちの安全に気をつけ，適切に水分補給や休息が取れるように配慮しながら，子どもたちが水に親しみ，水遊びを楽しむことができるように意識して，子どもたちに関わることが大切であり，遊んだ後はしっかりと体を休めるようにする。

(解答 p. 56)

26 確認テスト④

Q1．適切な改行の箇所を選び，「/」を入れてください。

　最近，子育てに悩む親が増えてきているという話を聞く。保育者を目指す私は，子育てに悩んでいる親の状況を知っておく必要があると思う。そこで，自分で調べたり，先生に質問したりして，子育てに不安を感じる原因について考えた。最初に考えたのは，昔と今の子育ての違いだ。昔は便利な子育てグッズはなかったけれども，家には祖父母や兄弟姉妹がいて，多くの人が子育てに関わっていた。今は核家族になり，母親が一人きりで育児をしなければならなくなっている。例えば，赤ちゃんが泣き止まないとき，すぐに相談できる人が身近にいないので，母親が一人で悩みを抱えてしまう。このようなことが，母親の育児不安を大きくさせるのではないかと思う。他にも，自分の子どもの発育が遅れているのではないかと気になる，夫に育児をなかなか協力してもらえない，産休がどれくらいとれるか，預け先の保育園があるかなど，いろいろな悩みがあることを知った。

Q2．文章を結論から記述し，より適切な表現に直してください。

(1) 子どもにとって，親はかけがえのない存在であるから，保護者には家庭でのスキンシップを大切にしてほしい。

(2) 子どもが言葉を間違えたり，遊びに夢中になっていて物を壊したりしたときに，間違いを強く否定したり，激しく怒ったりすると，子どもは自分自身が否定されたと思い，子どもの自発性を抑えてしまう危険があるので，間違いはさりげなく訂正し，叱るときはきちんと理由を説明して，子どもに理解させるように心がけるべきだと思う。

(解答 p. 57)

27 確認テスト⑤

Q1．より適切な表現になるように，修飾語の位置を直してください。

(1) いつでもけんたろうくんは，自分の荷物を自分できちんと整理する。

(2) 必ず，園児たちの間でトラブルが起こったときには，当事者の両方から話を聞くようにする。

(3) やはり，今日は天気が悪いので，外遊びの予定は室内での遊びに変更することにします。

Q2．適切な表現に直してください。

(1) りさちゃんはお散歩中に転んだけれども，全然大丈夫って感じでした。

(2) 子どもが何に興味を持っているのか，そこらへんに注目して子どもの遊びを観察しました。

(解答 p.57)

28 確認テスト⑥

Q．より適切な表現になるように直してください。

(1) 今日気づいたことは，たくみくんが自分でズボンをはけるようになっていたことです。

(2) 最近心がけていることは，自分自身が子どもたちと積極的に関わることと，保育を楽しむことです。

(3) 歌の練習は，子どもたちはとても大好きである。

(4) いつもは元気に「さよなら」と言うなおとくんは，今日は何も言わずに帰っていった。

(解答 p. 58)

29 確認テスト⑦

Q. より適切な表現になるように直してください。

(1) 園庭の中のすべりだいの下で，落とし物を見つけました。

----

(2) クリスマスの時期の楽しみのひとつは，クリスマス・ツリーの飾り付けである。

----

(3) あかねちゃんのお気に入りの絵本の主人公の好きなことは，いたずらです。

(解答 p. 58)

30 確認テスト⑧

Q．次の文章の下線部を，適切な表現に書きかえてください。

　今回の保育園実習で，(1)私は学びたいことはたくさんあります。ただ，たくさんのことは(2)覚えれないので，少なくとも今回の実習では，以下のことを学びたいと考えています。
　(3)一番最初は，子どもの気持ちを理解するということです。(4)私は，以前ボランティアで保育園へ何回か行ったことがありますが，いずれも子どもたちと楽しく触れ合うことができませんでしたが，今回の実習ではもっと子どもと積極的に触れ合って，子どもの気持ちを理解できればと考えています。(5)けど，(6)ボランティアで，ある保育園に行き，子どもたちといっしょに泥だんごを作ったのでよろこびました。そのときは，子どもの気持ちを少しは理解できた気がしました。
　二番目は，(7)保育士の日常の仕事の理解です。特に，保育園の一日の流れを把握したいと考えています。というのも，一日の流れを知ることにより，保育士と(8)ゆう仕事の全体像をつかむことができると思うからです。
　三番目は，保護者とのかかわりです。最近は，自己中心的な考え方をする保護者が増えているといわれています。(9)あと，子どもとのかかわりが，少し(10)過保護すぎるのではないかと感じています。このような保護者に対して，先生方がどのようにかかわっているのかを(11)学ぶことは，有意義なことだと考えています。
　最後は，安全管理の面です。(12)子どもが安全に園生活を送るにはどのようすればよいかについて考えることは大切です。特に「こうなったらどうする」というような対処法を学びたいと考えています。
　今回，実習をさせていただくにあたり，(13)決して私は，保育園の先生方にご迷惑をおかけしないようにしたいと思っています。

(1) （   ）

(2) （   ）

(3) （   ）

(4) （   ）

(5) （   ）

(6) （   ）

(7) （   ）

(8) （   ）

(9) （   ）

(10) （   ）

(11) （   ）

(12)　＊読点を打ってください。
　子どもが安全に園生活を送るにはどのようすればよいかについて考えることは大切です。

(13) （   ）

(解答 p. 58)

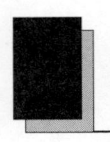

《考えてみよう！》解答例

1　主語と述語を意識する①長文を避ける（一文を短くする）　　　[p.13]

　たくろうくんは，運動会の数日前の練習で膝にけがをしてしまいました。
　しかし，がんばりやのたくろうくんは痛み止めの注射をうってかけっこに出場し，みごと一等賞を獲得しました。
　　　⇒　例文でも誤りではありませんが，二つの文に分けた方が読みやすくなります。

2　主語と述語を意識する②主語と結語のねじれ（不一致）　　　[p.14]

　保育とは，子どもの発達に参加する仕事である。そして，確かな目で幼児の一人ひとりの姿をとらえ吟味し，子どもが必要とする刺激を与え，（子どもに）援助をすることが保育者の役割である（と私は考える）。
　　　⇒　主語と述語がねじれています。問題文では…
　　　　　大きな主語（保育とは）　→　大きな述語（役割である）　…になっています。

3　主語と述語を意識する③主語と述語（結語）をできるだけ近づける　　　[p.15]

例1：この保育実践の目的は，保育者の子どもとの関わりが円滑になることである。
例2：・保育者の子どもとの関わりが円滑になることを，この保育実践は目的としている。
　　　・保育者の子どもとの関わりが円滑になることが，この保育実践の目的である。
　　　⇒　この例文程度の長さであれば，主語と述語が離れていても問題ではありません。

4　主語と述語を意識する④主語を略してもいい場合がある　　　[p.16]

解答：①③
　　　⇒　文脈から主語が判断できるということ（この例文の前後に文章が続くと仮定した場合）。
　　　⇒　（保育者の）一般論として，「目線に立って考える」ということ。

5　「一文には一つの情報」を守る　　　[p.17]

　私は，短大で保育を学び職に就きました。しかし（とはいえ），プロとしてはまだまだ半人前です。もっと勉強が必要と思い，大学への編入を決意しました。
　　　⇒　一文に情報が三つ（保育を学び職についた／プロとしてまだまだ半人前／編入を決意した）入っています。簡潔な文を目指すということで，三つの文に分けました。

| 6 | 「一つの段落には一つのテーマ」を守る | [p. 19] |

　保育とは，基本的には子どもとのかかわりです。若いころは，どちらかと言えば体当たりで子どもを援助してきました。
　しかし，主任ともなるとそういうわけにはいきません。子どもとのかかわりだけではなく，ひろく園全体の運営にも関与しなければなりません。ところが，保育現場の運営に関する本は意外にもあまり見当たりません。
　しかしある書店で，そのような内容が含まれている本を偶然に見つけました。
　　⇒　実際には，ここまで極端に改行する必要はありません。あくまで目安としての例です。

| 7 | 結論を書いてから説明に入る | [p. 20] |

　保育者は，子どもの自発性をさまたげる保育をしてはいけない。というのも，自分から積極的にものごとに取り組む性質を，子どもはもっているからである。
　　⇒　この問題文でも誤りではありません。わかりやすさ（読み手への配慮）を追求すると論理的な文の方が好ましい，という筆者の判断です。

| 8 | 読点（，）の位置を意識する | [p. 21] |

(1) 急に雨が降ってきたので，子どもたちを園舎のなかに入れた。
　　⇒　理由，条件や限定などを表す語句のあとに打つ
(2) しかし，園長はうれしそうだった。
　　⇒　接続詞の後に打つ
(3) ゆうこ先生は午睡をし，さやか先生は設定保育をした。
　　⇒　二つの対になる文をつなぐときに打つ
(4) 現在，在職している幼稚園
　　⇒　意味が異なる漢字が続くときに打つ
(5) 例１：主任のいずみ先生は，楽しそうに水遊びをしている子どもたちを見ていた。
　　例２：主任のいずみ先生は楽しそうに，水遊びをしている子どもたちを見ていた。
　　例３：主任のいずみ先生は，水遊びをしている子どもたちを楽しそうに見ていた。
　　⇒　文の意味をはっきりさせるために打つ
(6) よしみちゃんより，かなり背が高いたかこちゃん
　　⇒　かな同士がつながっていて，読みにくいときに打つ

| 9 | 修飾関係にある語は近づける | [p. 23] |

(1) 今回のテストは，かなりよくできたと思う。
　　　⇒　この例文程度の長さであれば，修飾語と被修飾語が離れていても問題ではありません。
(2) ○○ちゃんは，嫌とは絶対言わないでしょう。
　　　⇒　上の例文のような短い文では，修飾語と被修飾語が離れていても問題はありません。長い文では近付けた方がよいでしょう。
(3) 私たちは，そのことについてあまり深く考えることはありません。
(4) 例1：援助と学びの過程がプログラム化されたコンピュータに，果たして保育者の役割を委ねることができるでしょうか。
　　例2：援助と学びの過程がプログラム化されたコンピュータに，保育者の役割を委ねることが果たしてできるでしょうか。

| 10 | 接続詞に注意する | [p. 25] |

(1) カ　(2) エ　(3) オ　(4) ウ　(5) ア　(6) イ

| 11 | 「て，に，を，は」を意識する | [p. 26] |

(が)(を)(に)(まで)(で)(へ)(と)
(の)(から)
　　　⇒　「に」は対象や到達点を示す（方向を示す助詞）
　　　⇒　「へ」は方向を示す

| 12 | 重言（重ね言葉）は避ける | [p. 27] |

- 一番に／最初に
- 保育所ごとに／各保育所に
- 過保護／保護しすぎる
- 毎土曜日に／土曜日ごとに
- 不快に感じる／不快感をもつ（いだく）
- もういちど／繰り返す
- 約500円／500円ぐらい
- 未完成
- 後悔する／後で悔やむ
- 現状は／ただ今の状況は
- 約二週間／二週間ほど
- はっきりと言う／断言する

| 13 | 話し言葉は避ける | [p. 28] |

(1) どうしてわたしばかりが責められるのか，理解できない。
(2) ゆきこ先生は，わりに同僚の先生に信用があり，何かと相談を受けることが多い。

| 14 | 同じ語の繰り返しは避ける①「こと」 | [p. 29] |

・保育士は，子どもへの関わりが共感的になったり，感情的になったりすることもある。
・保育士は，子どもとの関わりが共感的になることもあれば，感情的になるときもある。
　　　⇒ 「共感的」「感情的」は並立の関係にあるので，「たり」「たり」を用いる。「こと」「こと」でも間違いではないが，少しくどい表現になる。

| 15 | 同じ語の繰り返しは避ける②「が〜」「は」 | [p. 30] |

(1) 子どもの顔がほころぶ声掛け〜。
(2) 今日の仕事は終わった。そこで夜は，ヒップホップ・ダンスの練習をすることにした。
(3) 今日は頭が痛くないので，（私は）薬を飲まなかった。

| 16 | 同じ語の繰り返しは避ける③「の」 | [p. 31] |

さやかちゃんの服にある胸のポケットには，〜。
（さやかちゃんの服の胸ポケットには〜。）

| 18 | 敬語を学ぶ②言葉を言い換える | [p. 35] |

(1) おいしくお飲みになれます。
　　　⇒ 「いただく」は謙譲語です。この例文の場合，買う側を低めていることになります。したがって，買う側を敬う表現（敬語）に換える必要があります。いずれにせよ，売り手側のメッセージとして「いただけます」というのは好ましくありません。
(2) 今主任がおっしゃった提案に〜。
　　　⇒ 「申す」は謙譲語です。この例文の場合，主任を低めていることになります。したがって，主任を敬う表現（敬語）に換える必要があります。
　　　　　＊「申す」に「れる」（「(ら)れる」尊敬語）をつけても尊敬語にはならない。
(3) 一度お会いになっていただきたいと〜。
　　　⇒ 「お目にかかる」は「会う」の謙譲語。
(4) まゆみ先生にお聞きになって（お尋ねになって）ください。
　　　⇒ 「うかがう」は謙譲語（聞く，行く，来る）。発言者が「聞く」場合であれば使えます。しかしこの場合，「第三者に聞いてもらう」のですから，尊敬語を使う必要があります。

＊「聞く」の尊敬語は，「お聞きになる」「聞かれる」など。
(5) 保育園の先生がいらっしゃるはずです。
　　⇒　「まいる」は謙譲語（行く）。相手に対しては，尊敬語（いらっしゃる／おいでになる／お見えになる）を用います。
(6) ○正解です。
(7) 変更なさる場合は，〜。
　　⇒　尊敬語の「変更なさる」か「変更される」にします。
(8) △ご希望の方がいらっしゃいましたら（おいでになりましたら），〜。
　　⇒　「おる」（「いる」の謙譲語）＋「(ら)れる」（尊敬語）の形。
　　　＊基本的には，「謙譲語」に「(ら)れる」をつけても尊敬語にはならない。ところが，西日本ではヒト（動物）が「いる」ことを「おる」という。また西日本では，敬語の「られる」をよく使う。ということもあり，「おられる」という尊敬語が現われた。方言差ということで，敬語として認めてもよいのではないか…。
(9) △（ペットにエサをやる）
　　⇒　ペットに「エサをあげる」という表現は定着しつつあります。

19　敬語を学ぶ③言葉を加える　　　　　　　　　　　　　　　　　　　　[p. 37]

(1) 例1：後日，ご説明します。　　←　言葉を加える
　　例2：後日，説明いたします。　　←　言葉を言い換える
　　例3：後日，ご説明いたします。　　←　言葉を言い換える＋言葉を加える
　　⇒　自分がするので「謙譲語」を用います。
(2) 例1：保護者の方が利用なさりました。　　←　言葉を言い換える
　　例2：保護者の方が利用されました。　　←　言葉を加える
　　⇒　自分以外（第三者・相手）がするので「尊敬語」を用います。
(3) （尊敬語）例1：園長が説明なさりました。　　←　言葉を言い換える
　　　　　　例2：園長が説明されました。　　←　言葉を加える
　　（謙譲語）例1：園長が説明いたします。　　←　言葉を言い換える
　　　　　　例2：園長がご説明いたします。　　←　言葉を言い換える＋言葉を加える
　　⇒　この場合（謙譲語を使う場合）は，園外者（保護者）に向けて発言することを想定しています。外部に向って，自分が所属する職場の者や（職場の者による）発言を紹介する場合，へりくだるのが一般的です。

| 20 | 敬語を学ぶ④二重敬語は避ける | [p. 38] |

(1) お召しになりませんよう，くれぐれも〜
　　　⇒「お召しになる」は「(風邪などに)かかる」の尊敬語です。
　　　　　＊「(お)召す」(尊敬語)＋(な)「られる」(尊敬語)というように，一つの動作(風邪にかかる)に二つの敬語が入っており，表現がくどくなる。
(2) おっしゃった件について〜
　　　⇒「おっしゃる」は「話す」の尊敬語です。「おっしゃられる」は，「話す」という一つの動作に「おっしゃ(る)」＋「(ら)れる」と二つの尊敬語を用いている点で二重敬語となっています。
(3) お読みになっておいでになりました。
　　　⇒「おいでになる」は「いる」の尊敬語です。「おいでになられる」は，「いる」という一つの動作に「おいでにな(る)」＋「(な)られる」と二つの尊敬語を用いている点で，二重敬語になっています。
(4) △きらめき保育園の園長は男性です。
　　　⇒「園長」は尊称。「先生」も学校の教師に限らず尊称の意味で広く用いられています。「園長」＋「先生」とする必要は必ずしもありません。
　　　　　＊ただし，保育現場・教育現場ともに園長先生，校長・教頭先生などと慣習的に使われている。定着している表現といえる。

| 21 | 敬語を学ぶ⑤ら抜き言葉は避ける | [p. 39] |

例1：明日，朝5時に来られますか？
例2：明日，朝5時に来ることができますか？

| 22 | 敬語を学ぶ⑥美化語を知る | [p. 40] |

ご馳走さまでした。
　　　⇒「おごちそうさま・でした」を分解すると…，
　　　「お」(丁寧語：美化語)＋「ご」(丁寧語：接頭語)＋馳走＋さま(丁寧語：接尾語)＋でした(丁寧語：助動詞「です」の変化)
　　　このように「馳走」に激しく丁寧語がついています。
　　　語源(ご＋馳走：丁寧語＝敬語)が忘れられて，慣習的に「お」がつけられたものと考えられます。この場合は，習慣化している「ご馳走さまでした」にとどめておけばよいと考えます。

23　確認テスト①　　　　　　　　　　　　　　　　　　　　　　[p. 41]

(1) 解答例

　子どもに接しているといろいろなことを学ぶことができます。先日，砂場で3歳児さんがさらに小さい1歳児さんの面倒をみているところを見ました。子どもは自然とそういうことができるようになるのだなと，改めて子どものすばらしさを感じました。

(2) 解答例

　午前中，さやかちゃんは，ホールのすべりだいで機嫌よく遊んでいました。しかし，途中で，お友達とけんかして，その後元気がありませんでした。けれども，お昼寝の後にはいつものさやかちゃんに戻って，お友達とも仲良く遊んでいる様子が見られました。

24　確認テスト②　　　　　　　　　　　　　　　　　　　　　　[p. 42]

Q.1　(1) 解答例

　さくら組のたけしくんが今日の午後から発熱した。私は（保育士は）インフルエンザではないかと心配したので，保護者に手洗いうがいの徹底をお願いした。

(2) 解答例

　子どもの言葉の発達においては，周囲の大人の関わりが重要である。私は，子どもが安心して言葉を発することのできる環境をつくるよう努力したい。

Q.2　(1) 解答例

　園児たちが大切にしているザリガニの水槽を保育士が掃除しているときに，さとるくんはお手伝いをしながら，「おおきくなれよ」と話しかけています。

(2) 解答例

　私の実習先の保育園は，各年齢の園児数が少ない小規模な園だった。そのため，自然に異年齢集団が形成されていた。年長児が年少児のお世話をしたり，年少児が年長児の真似をしたりする様子を，私は観察することができた。

25　確認テスト③　　　　　　　　　　　　　　　　　　　　　　[p. 43]

(1) 解答例

　絵本の読み聞かせは，単に言葉を学ぶことにつながるだけでなく，保育者とのコミュニケーションのきっかけになると思います。また，私自身も小さい頃は絵本を読むのが好きでした。ですから，私は保育実践で絵本の読み聞かせを積極的に取り入れたいと思います。

(2) 解答例

　プール遊びでは子どもたちの安全に気をつけ，適切に水分補給や休息が取れるように配慮する。また，子どもたちが水に親しみ，水遊びを楽しむことができるように意識して，子どもたちに関わることが大切である。遊んだ後は子どもたちがしっかりと体を休めるように配慮する。

26　確認テスト④　　　　　　　　　　　　　　　　　　　　　　　　　　　[p. 44]

Q．1　(1) 解答例

　最近，子育てに悩む親が増えてきているという話を聞く。保育者を目指す私は，子育てに悩んでいる親の状況を知っておく必要があると思う。そこで，自分で調べたり，先生に質問したりして，子育てに不安を感じる状況について考えた。

　最初に考えたのは，昔と今の子育ての違いだ。昔は便利な子育てグッズはなかったけれども，家には祖父母や兄弟姉妹がいて，多くの人が子育てに関わっていた。今は核家族になり，母親が一人きりで育児をしなければならなくなっている。例えば，赤ちゃんが泣き止まないとき，すぐに相談できる人が身近にいないので，母親が一人で悩みを抱えてしまう。このようなことが，母親の育児不安を大きくさせるのではないかと思う。

　他にも，自分の子どもの発育が遅れているのではないかと気になる，夫に育児をなかなか協力してもらえない，産休がどれくらいとれるか，保育園での預け先があるかなど，いろいろな悩みがあることを知った。

Q．2　(1) 解答例

　保護者には家庭でのスキンシップを大切にしてほしい。なぜなら，子どもにとって，親はかけがえのない存在だからである。

(2) 解答例

　子どもが言葉を間違えたり，遊びに夢中になっていて物を壊したりしたときには，間違いはさりげなく訂正し，叱るときはきちんと理由を説明して，子どもに理解させるように心がけるべきだと思う。というのも，間違いを強く否定したり，激しく怒ったりすると，子どもは自分自身が否定されたと思い，子どもの自発性を抑えてしまう危険があるからだ。

27　確認テスト⑤　　　　　　　　　　　　　　　　　　　　　　　　　　　[p. 45]

Q．1　(1) 解答例

　けんたろうくんは，自分の荷物をいつでも自分できちんと整理する。

(2) 解答例

　園児たちの間でトラブルが起こったときには，必ず当事者の両方から話を聞くようにする。

(3) 解答例

　今日は天気が悪いので，外遊びの予定は，やはり室内での遊びに変更することにします。

Q．1　(1) 解答例

　りさちゃんはお散歩中に転んだけれども，全く平気な様子でした。

(2) 解答例

　子どもが何に興味を持っているのか，そのような点に注目して子どもの遊びを観察しました。

28　確認テスト⑥　　　　　　　　　　　　　　　　　　　　　　　　[p. 46]

(1) 解答例
　　今日，たくみくんが自分でズボンをはけるようになっていたことに気づきました。
(2) 解答例
　　最近私は，自分自身が子どもたちと積極的に関わり，保育を楽しもうと心がけています。
(3) 解答例
　　子どもたちは歌の練習がとても大好きである。
(4) 解答例 1
　　なおとくんは，いつも元気に「さよなら」と言うのに，今日は何も言わずに帰っていった。
　　　解答例 2
　　なおとくんはいつも元気に「さよなら」と言う。しかし，今日は何も言わずに帰っていった。

29　確認テスト⑦　　　　　　　　　　　　　　　　　　　　　　　　[p. 47]

(1) 解答例 1
　　園庭にあるすべりだいの下で，落とし物を見つけました。
　　　解答例 2
　　園庭のすべりだいの下で，落とし物を見つけました。
(2) 解答例 1
　　クリスマスの時期には，クリスマス・ツリーを飾り付けすることが楽しみのひとつである。
　　　解答例 2
　　クリスマス・シーズンの楽しみのひとつは，クリスマス・ツリーの飾り付けである。
(3) 解答例 1
　　あかねちゃんのお気に入りの絵本に出てくる主人公の好きなことは，いたずらです。
　　　解答例 2
　　あかねちゃんが気に入っている絵本の主人公は，いたずら好きです。

30　確認テスト⑧　　　　　　　　　　　　　　　　　　　　　　　　[p. 48]

(1) 私は学びたいことが
　　　　⇒　「〜は〜は」と続くのを避ける
(2) 覚えられないので
　　　　⇒　ら抜き言葉は避ける
(3) 一番目は／最初は
　　　　⇒　重言を避ける

(4) 私は，以前ボランティアで保育園へ何回か行ったことがあります。
　しかし，いずれも子どもたちと楽しく触れ合うことができませんでした。今回の実習ではもっと子どもと積極的に触れ合って，子どもの気持ちを理解できればと考えています。
　　　　⇒　長い文章はいくつかの文に分ける
(5) しかし／けれど〈も〉
(6) ボランティアである保育園に行き，子どもたちといっしょに泥だんごを作りました。子どもたちはよろこびました（よろこんでくれました）。
　　　　⇒　主語と述語のねじれを避ける
(7) 保育士が行う日常の仕事
　　　　⇒　「の」は3回以上続けない
(8) いう
　　　　⇒　しゃべり言葉（口語体）を避ける
(9) 他には／また
　　　　⇒　しゃべり言葉（口語体）を避ける
(10) 過保護
　　　　⇒　重言を避ける
(11) 学ぶことは，有意義
　　　　⇒　「こと」を繰り返さない
(12) 子どもが安全に園生活を送るにはどのようすればよいか，について考えることは大切です。
　　　　⇒　意味のひとかたまりでくぎる
(13)
解答例1　私は，保育園の先生方に決してご迷惑をおかけしないようにしたいと思っています。
解答例2　私は，保育園の先生方にご迷惑を決しておかけしないようにしたいと思っています。
　　　　⇒　修飾する語はされる語の近くに置く

第2章
短文を書こう

はじめに―苦手意識をなくそう―

　手紙や日記を書いていますか？
　携帯メールで家族や友達と連絡は取っている，という人は多いのではないでしょうか。
　絵文字や記号を用いずに，仲間内の言葉ではなく，一般の不特定多数に通じるような言葉で文章を書く…となると，それだけで憂鬱になってしまいそうですね。
　でも，ご心配なく。書くことは「慣れ」です。
　毎日歯を磨く，ストレッチをする，犬の散歩に行く…など，日課として行っていることは，最初は「しんどいな…」と思うかもしれませんが，習慣となると，逆にその日課がないと物足りないような気がしてしまうものです。
　文章を書くことも同様で，毎日書くことを続けると，そのうちに習慣化して，苦もなくスラスラ書けるようになります。苦手意識のある方は，張り切りすぎずぼちぼちと書くことに慣れていきましょう。
　日本語はとても豊かな言語です。仲間内で使うくだけた言葉だけでなく，丁寧語・尊敬語・謙譲語というように，同じ内容でもその場や相手によって様々に言葉が使い分けられます。このような多様な表現を持つことは，日本語の大きな特徴の一つといえます。
　言葉は文化でもあります。私たちはとても豊かな言語を使用しており，それは同時に豊かな文化の中で暮らしているとも言えます。「この豊かな言葉を子どもたちにも十分に使いこなしてほしい」という願いは，子どもの育ちに関わる者に共通する思いといえるでしょう。
　言葉はコミュニケーションの大切な道具であるだけでなく，思考を深めていくときにとても重要な役割を果たします。文章を書くことは，まさに「思考」をたどり，深める作業といえます。様々な文章を書くことを通して，思考がより明確に表現されたり，深められたりすることを実感していただきたいと思います。
　このワークブックを通して様々な文章を書くことで，この本を仕上げる頃には苦手意識は和らいでいるはずです。文章を書くことは難しいことではない，ということを実感していただきたいと願っています。
　また，「私，書くこと大好き！」という方は，このワークブックを通じてもっと楽しんでもらえたらと願っています。

第1節：視点をつくる

1 短文を作ろう①

次の言葉を使って短文を作りましょう。

例）聞く　→　耳を澄ますと鳥の鳴き声が聞こえた。

効く

利く

飛ぶ

跳ぶ

見る

2 短文を作ろう②

以下の言葉の中から，それぞれ五つ以上選んで3文以上の作文を作りましょう。

犬・猫・小動物・飼う・買う・捨てる・愛情・命・育てる・家族

山・木・川・森・藪・隠れ家・遊び・集団・自然・成長

どんな文章ができましたか？　お互いに作文を見比べてみましょう。

次のことわざの意味を調べて、ことわざを使った短作文をつくりましょう。

かわいい子には旅をさせよ

案ずるより生むが易し

情けは人の為ならず

3　書きたいことをはっきりさせよう①

　話をしている最中,「あれ？　私何が言いたいのだろう？」と思ったことはありませんか。たくさんの言葉で表現したからといって,伝えたいことが十分に相手に届いているというわけではありません。「何が言いたいのか」をはっきり意識しながら,そのことを説明する的確な言葉を並べていくことで内容が相手に伝わっていきます。

　文章を書くときも同様です。思ったことをただ漠然と並べるだけでは読み手に十分伝わりません。

　「伝えたいこと」をしっかり見すえて,文章を構成していくことが大切です。

　例えば,

> 　私は昨日山に登りました。坂道はきつかったですが,緑が生き生きとして空気が澄んでいて,とてもすがすがしい気持ちになりました。頂上から見る景色に感動しました。

↓

　しんどかったけど,途中であきらめなくてよかったです。

> 　私は昨日山に登りました。お気に入りの赤いパンツに買ったばかりの茶色の靴を履きました。途中,靴擦れしてしまいましたが,応急手当をして,なんとか頂上まで登れました。

↓

　はき慣れた靴で行くべきだったと反省しました。

　上記の二つの文章は,同じ「昨日山登りをした」という文章ですが,その中で表現している内容は,全く異なります。

　このように伝えたい内容が変われば,文章の内容も異なります。

「保育はとてもやりがいのある仕事だと思います」という内容を「伝えたいこと」として、5文以上の短作文を作りましょう。

4 書きたいことをはっきりさせよう②

　文章は，日記などを別にして，読み手を想定して書かれるものです。書き手である私たちが理解していても，読み手に伝わらなければ良い文章とはいえません。書きたいこと，伝えたいことが読み手にしっかり伝わるように以下のようなことに気を付けましょう。

① 思考が分散しないように，はじめに題名をつける。

② 誰に対して書くのか（読み手は誰か）ということを念頭に置く。

③ この文章作成にどれくらい時間がかけられるか考える。

④ 「何を伝えたいのか」を明確にする。

⑤ 作文全体の長さを考え，どのような流れにするかを構成する。

⑥ 書きたいことを，思いつくままに挙げてみる。

⑦ 例を挙げると伝わりやすいことが多いので，例も考えてみる。

⑧ 思考が分散してしまったときは，初心に返り一番書きたいことを確認する。

⑨ 挙げた上で，「伝えること」に必要かどうかを吟味し，順序を考える。

⑩ 文章はなるべくコンパクトに。

⑪ 「一文章＝一つの内容」をなるべく目指して。

文章の流れの確認を行いながら，計画を立ててみましょう。

　テーマは自由に決めていただいて結構ですが，もし，特に思いつかなければ「季節」としましょう。当然のことですが，テーマが「季節」だからといって，題名は「季節」になるとは限りません。

1	題名は？	
2	読み手は誰？	
3	全体の量は？（時間は？）	
4	一番伝えたいことは何？	
5	書きたい内容は？	① ② ③ ④ ⑤ ・ ・ ・
6	どんな順序で書く？	

第2章　短文を書こう　67

5 書きたいことをはっきりさせよう③

テーマは「私の夢」です。さあ，書いてみましょう！

1	題名は何？	
2	読み手は誰？	
3	全体の量は？（時間は？）	
4	一番伝えたいことは何？	
5	書きたい内容は？	① ② ③ ④ ⑤ ・ ・ ・
6	どんな順序で書く？	

題名

第2節：語彙を広げる

1　いいところ探し①

問いです。
「今日は，ずっと楽しみにしていた遠足の日です。朝，起きると雨が降っていました。そこであなたの一言は？」

```
[                                                        ]
```

続けて問いです。
「今日は，マラソン大会です。あなたはマラソンが苦手だな～と思っています。朝，起きると雨が降っていました。そこであなたの一言は？」

```
[                                                        ]
```

いかがでしたか？　二つの問いの答えはどのような表現になっているでしょうか。
「雨が降る」というのは自然現象です。その現象をどのようにとらえるかは，私たちの見方，考え方，つまり，心の動きによって様々です。
上記の答えは，きっと上と下で違っていた方が多かったことでしょう。答えが上下異なるのは，それぞれの場面で心の状態が違うからです。
「雨が降る」という現象は同じなのに，受け手の感情によってその受け取り方が違ってくるというのは面白いですね。

同じものごとでも見方や考え方によって，このように全くとらえ方が変わってくるのです。これは，まるで光と影のようです。
ここに木があったとします。
木の大きさは変わらないのに，光の当て方によって，木の影の大きさが異なります。
同様に，ものごとを見るとき，どこに視点を当てるかでその評価が異なってきます。

子どもたちのお手本となる保育者が，目の前の出来事やものごとを，どのようにとらえるかはとても重要です。子どもたちの前だけ…という態度ではよい保育はできません。日々，自分のものの見方，感じ方を意識してみましょう。

あなたの長所と短所をそれぞれ5点挙げましょう。

あなたの長所	あなたの短所
①	①
②	②
③	③
④	④
⑤	⑤

長所と短所はどのような関係になっていますか？

この学校の良いところを5点挙げましょう。

（他にも…）
- 隣に座っている人の長所を5点挙げましょう。
- 着物の良いところを5点挙げましょう。
- 日本料理の良いところを5点挙げましょう。

　　　　　　　　などなど

2 いいところ探し②

問いです。
「納豆は好きですか？」

「好き！」っていう人や「ふつう」っていう人，「うーんちょっと…」という人や「大嫌い！」という人など様々いると思います。

苦手だな…という理由の中の一つに「ネバネバしているから」というのがあります。しかし，この「ネバネバ」は侮れません。この「ネバネバ」の中にはジピコリン酸やムチン質が含まれています。ジピコリン酸には抗菌作用がありますし，ムチン質は，美肌効果が高く，また，タンパク質の吸収を助け，胃壁を保護してくれます。また，納豆はカルシウム，タンパク質，ビタミンK，鉄分など様々な栄養がバランスよく含まれており，とても優秀な健康食品です。

納豆は苦手…という人でも，これらの効果（良さ）については評価できますね。

好き，嫌いといった感情による評価とは別に，客観的にものごとを見たときに，それぞれに良いところ，悪いところがあります。

意識・無意識にかかわらず，「好き」という感情は一般的にそのものごとを好意的に評価しますし，「嫌い」や「苦手」といった感情を持つと往々にして評価は低くなりがちです。

人に対する評価も同様です。良い感情を持っている人への評価が高くなったり，その逆の場合，欠点が気になり，良い感情を持っている人と同じことをしていたとしても同じ評価がされないことがあります。

幼稚園の先生や保育士になると，保育のプロとして様々な子どもたちや保護者たちと出会います。その数は，他の仕事ではなかなか経験できないくらいです。そして，ただ出会うだけでなく，教育・保育活動を通して，心の交流が行われます。

教育・保育のプロである前に皆さんは一人の人間です。「好き」や「苦手」といった感情があります。その感情は，出来事やものごとに対してだけでなく，人に対しても持ってしまうものです。人として当然持つであろう感情ですが，しかし，その感情のままに子どもたちの評価を行うことは，プロの保育者として間違っています。

自身の感情とは別に，ものごとや人を客観的に見て，良いところ悪いところを評価していく目や心を養っていくことはとても大切です。

山登りの良い点を 5 文以上の短作文で表現してください。

　書き終えたら，山登りの「好きな人」と「嫌いな人」そして「どちらでもない人」それぞれで上記の短作文での良いところの挙げ方（視点）の違いを比べてみましょう。

（他にも…）
同様にして
・犬の良い点
・夏の良い点
・早起きの良い点
などで良い点を挙げた短文章を作り，「好きな人」「苦手な人」「どちらでもない人」それぞれで評価の違いを比べてみましょう。

3 曖昧な表現を具体的な表現へ①

「そんなにたくさん文章なんて書けない…」

「もう，書くことない（何を書いてよいのかわからない）…」

このように思うことってありますね。
先日，学生に自己紹介をしてもらいました。すると，ある学生が
「何をしゃべったらいいのかわからない」と，言いました。
「じゃあ，あなたの特技は何？」と尋ねますと，
「料理」と返事しました。
「どんな料理を作るの？」「毎日作っているの？」と重ねて質問を続けると，
「オムライスとかスパゲティー，あとは和食」「一人暮らしだから大体毎日作っている」と答えます。
　それから，オムライスの卵の固まり具合の好みや，デミグラスソース派かケチャップ派か，パスタソースの作り方など，質問を重ねると，その学生の料理に対する取り組みや好みがどんどん見えてきました。
　最初は，「何をしゃべったらいいのかわからない」と言っていた学生が，質問のやりとりを通して，特技が「料理」であり，また，その内容について具体的に説明することができました。

　文章を膨らませていく作業には，この質問のやりとりに似た面があります。
　上記の例は，他者とやりとりしましたが，一人で文章を書き上げていくときには，自分自身の中で対話を重ねていきます。そうすれば，最初は漠然とした思い（考え）も，だんだんはっきりと見えて，表現も豊かになっていきます。

　次のページで「いい子」の具体的な表現をしていただきますが，漠然とした「いい子」から，具体的に，例を挙げながらどんなところが「いい子」なのかを文章で表現してください。

あなたの好きな音楽は何ですか？　そして，どうして好きなのか具体的に表現してください。

「〇〇ちゃんはいい子です」（→　〇〇に入る名前は，ワカメちゃん，ちびまる子ちゃん，のびた君などはもちろん，実習で出会った子どもや，実在のみんなが共通に知っている人でもかまいません。）

「〇〇ちゃん」は具体的にどんなところが「いい子」だと思うのかを挙げて，5文以上の短文を作成してください。

4 曖昧な表現を具体的な表現へ②

前項冒頭の
「そんなにたくさん文章なんて書けない…」
「もう，書くことない（何を書いてよいのかわからない）…」
という悩みの多くは，思い（考え）を一言でまとめてしまい，それで表現が終わったと思っているときに陥ります。
例えば，
「夕食どうだった？」
「うん，おいしかった」
だと，「何」が「どのように」おいしかったのかわかりません。「おいしい」という漠然とした言葉にどのような思いがあるのかが伝わっていないのです。薄味が「おいしい」と思う人もいるし，「濃い味」が好きな人もいます。
「夕食どうだった？」
「うん，スープの塩味がちょうどよくておいしかった。胡麻風味のドレッシングも香りがよくておいしかったよ。」
となると，具体的に何がよくて「おいしい」という感覚になったのか相手によくわかりますね。
「美しい」「腹が立つ」「悲しい」「おもしろい」などと表現される感覚は，実は人によって，それぞれ異なります。
「花が好き」といっても，バラの大輪の花に心惹かれる人もいれば，かすみ草の可憐な姿により好感を持つ人もいます。同じバラが「好き」でも，その姿に惹かれる人や，その香りに惹かれる人，ビロードのような赤いバラが好きな人や，ピンクの小振りなバラを好む人など様々です。

　前のページで出てきた「いい子」という表現もとても曖昧な言葉です。どのような子どもを「いい子」と評価するのかは様々です。それゆえ，具体的な内容を例などで示しながら，書き手自身が子どものどのようなところを評価しているのかということを書いていくことが大切です。その際に，「自分の中で対話をする」と前項で書きましたが，この対話は，「読み手」を意識するためにも大切な行為です。
　第1節（4）で勉強したように，書くという行為はその文章を読む「読み手」を意識することが大切です。それは，「誰に読んでもらうのか」ということだけではありません。「自分ではない誰か」もしくは「今の自分じゃない（未来の）自分」に理解してもらうために，自分の気持ちを具体的に丁寧に書き込んでいかなければ，相手に伝えたい内容が通じないのです。それをしっかり意識すると，「これ以上書くことがない」という悩みは少しずつ解消されて，逆に「書ききれない！」というくらいの文章表現力が身についていくことでしょう。

「昨日，遠足で動物園に行きました。とても楽しかったです。」という内容を具体的に詳しく表現してください。
　ただし，「楽しかった」という言葉は使わないでください。
　つまり，「動物園に行って楽しかった」内容について「楽しかった」という言葉を使わずに5文以上の短作文を作成してください。

　難しいですか？　…　では，少しヒントを…。
　「楽しい」って具体的にどんなことだったのでしょう。「わくわく」したり「驚いた」り，お弁当が「おいしかったり」…考えていくとたくさん出てきますね。では，考えてみましょう。

題：

5 事実と自分の意見①

「そんなにたくさん文章なんて書けない…」
「もう，書くことない（何を書いてよいのかわからない）…」
のまたまた続きです。

　文章は，主観的・客観的どちらも含めた事実と，それに対する思い（考え）の組み合わせが基本になっています。

　例えば，

　　今日は，遠足に行きました。　　　　　　　　　　　　　　　　　　　　　　　　（事実）
　　楽しかったです。　　　　　　　　　　　　　　　　　　　　　　　　　　　　　（感想）

となります。

　これで，事実をもっと増やせば，文章は増えていきます。

　　今日は，遠足に行きました。　　　　　　　　　　　　　　　　　　　　　　　　（事実）
　　とても良いお天気でした。　　　　　　　　　　　　　　　　　　　　　　　　　（事実）
　　黄色いリュックサックを背負っていきました。　　　　　　　　　　　　　　　　（事実）
　　お母さんがお弁当を作ってくれました。　　　　　　　　　　　　　　　　　　　（事実）
　　お弁当を食べ終わったら，みんなでかくれんぼをして遊びました。　　　　　　　（事実）
　　楽しかったです。　　　　　　　　　　　　　　　　　　　　　　　　　　　　　（感想）

　また，事実だけでなく，思いを付け足していけば，もっと文章は膨らんでいきます。

　　今日は，遠足に行きました。　　　　　　　　　　　　　　　　　　　　　　　　（事実）
　　とても良いお天気でした。　　　　　　　　　　　　　　　　　　　　　　　　　（事実）
　　黄色いリュックサックを背負っていきました。　　　　　　　　　　　　　　　　（事実）
　　このリュックサックは私のお気に入りなので，うきうきしました。　　　　　　　（感想）
　　お母さんがお弁当を作ってくれました。　　　　　　　　　　　　　　　　　　　（事実）
　　お弁当に大好きな卵焼きが入っていてとてもおいしかったです。　　　　　　　　（感想）
　　お弁当を食べ終わったら，みんなでかくれんぼをして遊びました。　　　　　　　（事実）
　　校庭でするかくれんぼと違って，たくさん隠れるところがありました。　　　　　（事実）
　　どこに隠れようかとても迷いました。　　　　　　　　　　　　　　　　　　　　（感想）
　　楽しかったです。　　　　　　　　　　　　　　　　　　　　　　　　　　　　　（感想）

　いかがですか。文章はどんどん膨らんでいきますね。

　もちろん，事実と思い（考え）とがきっちり分けられない文章もありますし，また，事実と思い（考え）をただ羅列すればよいということでもありません。

　しかし，この基本を知っておくと，文章を書くことに対して，少し気が楽になるのではないでしょうか。

さて、では文章を書いてみましょう。

テーマは「少子化について」です。

少子化については、「合計特殊出生率が1.25（2005年）」
「日本は先進国の中でも特に少子化が進んでいる」
「国は少子化をくい止める対策に苦慮している」

等といった事実があります。

また、上記以外にも、少子化の原因や具体的な対策案など様々な事実があります。事実を書き出しながら、あなた自身の意見や考え、感想などを織り込んだ文章を作ってください。

題：

6 事実と自分の意見②

　前の項で「事実」と「思い（考え）」について，それぞれを並べていくことで文章は膨らんでいく，と述べました。

　しかし，客観的であろうが主観的であろうが，どの事実をどのように文章で表現するかは，筆者によって異なります。また，文章構成によって，どの事実をどの順番で組み合わせていくかも異なります。

　たとえば，林檎（りんご）があって，それを「真っ赤な林檎」と表現するのも「よい香りの林檎」と表現するのも，どちらも事実であり，この表現の違いは感性や構成の違いです。

　どのように事実を拾い出すかは筆者の感性です。
　どの事実をどの順番で組み合わせるか，文章全体をどのようにするかは筆者の構成力です。

　文章作成を通して，あなたの感性を十分に発揮し，あなたらしい表現をしてください。

　下の囲みに，あなたの乳幼児期の写真を貼ってください。

写真の頃の自分について書いてください。

題：

7 自己表現としての文章

　前項で林檎を「真っ赤な林檎」と視覚的に表現するか，「香りのよい林檎」と嗅覚から表現するか，筆者の感性や構成の違いによって異なってくる，と説明しました。

　童話の一場面として魔女が使う魔法の道具として林檎を文章に登場させるのか，また，おいしいお菓子づくりの場面で新鮮な材料として林檎を登場させるのか，文章全体の流れによって，同じ林檎でも表現が変わってきます。

　また，林檎をどのように受け止めるかによっても表現は異なります。つまり，おいしい果物として用いられるときと，みかんやバナナと比べて皮むきなどで食べるのに手間がかかる果物として用いられるときでは，表現も違ってきます。

　あなたが，今，目にしている対象をどのようにとらえるかは，あなた次第です。

　店頭に並んでいる林檎は同じ種類のものは皆，同じように見えます。しかし，一つ一つ比べていくと，全く同じ形は決してありません。それが，それぞれの個性なのでしょう。

　皆さんが書く文章は，皆それぞれ異なります。たとえ，「似たようなことを書いた」，「同じ趣旨で書いた」としても，一語一句同じ文章はありません。それが皆さんの個性です。

　人と違うことを恐れず，自分の表現に自信を持って書いてください。

（イラスト／榎田基子）

左ページの絵を見てください。
どんなことを話していると思いますか？
何に今関心があると思いますか？
それぞれの子どもはどんな性格だと思いますか？
絵から，想像力を膨らませてください。彼らの名前も年齢も皆さんで想像して，自由に付けてください。そして，この絵を文章で表現してください。

第3章 保育に関係する文章を書いてみよう

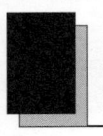

第1節：連絡帳を書いてみよう

1. なぜ、連絡帳を書くの？

　連絡帳は、保護者と保育者との大切な情報交換の場です。保護者と保育者とが子どもに関する情報を共有し、連携をとりながら保育を行っていくために欠かせないものです。園と家庭での生活につながりができることで、子どもが安定した生活を送ることができるようになるのです。保護者が子どもとどのように関わればよいかを考える、貴重な情報源となるでしょう。

　また、連絡帳は、子どもの成長記録の一つでもあります。子どもの成長過程が誰にでも読み取れるような内容と表現になるように留意しましょう。

　連絡帳の書式は、3歳未満児用と3歳以上児用とで分けられている場合が多いようです。

2. どんなことを書くの？

　連絡帳に記述する事項には、主に次のものが挙げられます。子どもの健康状態、生活や遊びの様子、持ち物や行事などの連絡、保護者からの質問・相談への回答です。

(1) 3歳未満児

　3歳未満児は、食事や排便、睡眠時間などの健康状態・生活リズムを詳細に記録し、保護者に伝えることが主な内容となります。保護者にも家庭での様子を記録してもらい、情報を共有します。24時間を通した子どもの健康状態や生活リズムを保育者と保護者が共有し、その子どもに応じたきめ細やかな保育を行うことを大切にしているからです。

(2) 3歳以上児

　横罫のみの小さいノートを用いて情報交換を行う場合が多いようです。健康状態・生活リズムに関する記述が主となる3歳未満児とは異なり、3歳以上児の場合は、園での子どもの様子や成長を伝えるエピソード、持ち物や行事などの連絡を記述することが多くなります。

〈3歳未満児用〉

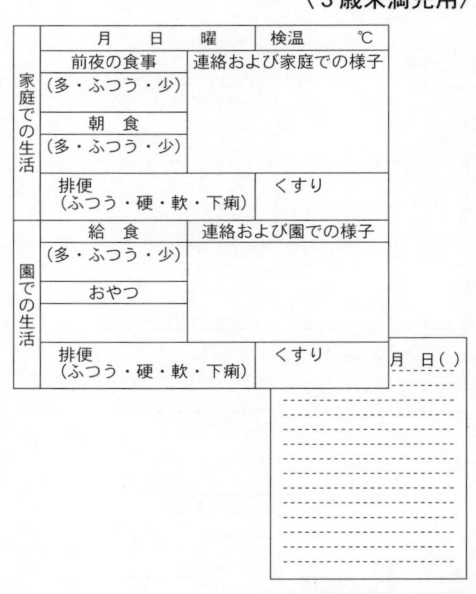

	月　　日	曜	検温　　℃
家庭での生活	前夜の食事	連絡および家庭での様子	
	(多・ふつう・少)		
	朝食		
	(多・ふつう・少)		
	排便	くすり	
	(ふつう・硬・軟・下痢)		
園での生活	給食	連絡および園での様子	
	(多・ふつう・少)		
	おやつ		
	排便	くすり	
	(ふつう・硬・軟・下痢)		

〈3歳児以上児用〉
月　日（　）

3. 望ましい連絡帳の書き方って何？

（1）良いことから書き始める

　保育者にぜひ伝えたい気がかりな事柄がある場合でも，そのことから書き始めることは避けるようにします。できる限り，子どもの成長を伝えるような，楽しいエピソードから記述するようにします。保育者が子どもの成長の可能性を信じ，前向きに保育に取り組もうとしている姿勢を伝え，保護者の協力を求めるようにするためです。

（2）他児と比べるような記述をしない

　「友達と比べて〇〇ちゃんは…」「みんなできるのに…」などの記述は，保護者や子どもをとても傷つけます。一人ひとりの子どもの成長過程を保護者と共に見守り，喜び合うという姿勢が大切でしょう。

（3）どう感じたのかを伝える－子どもの成長の喜びを書く－

　事務的な連絡や保育中のエピソードを正確に伝達できることは，とても大切なことです。しかし，それだけでは，味気ないものになってしまいます。子どもの様子を具体的に記述することに加えて，成長を喜ぶ気持ちを書き添えるようにしましょう。

（4）書式が決まってない場合は，項目を作って書く

　保護者に伝えたいことは，たくさんあるでしょう。でも，思いのままに書き連ねるだけでは，何が言いたいのかわかりにくくなってしまいます。

　「生活の様子」や「体調」，「持ち物」など，内容が一目でわかるように，項目を作って書きましょう。

（5）保護者の相談や質問には必ず返答する

　質問や相談は，その日のうちに何らかの返答をします。すぐに回答できない場合は，いつまでに回答をするのかを必ず伝えましょう。重大な問題や不明な点は，個人で判断して回答をせず，主任や園長に相談をするようにします。問題をこじれさせたり，園全体の責任を問われるような問題に発展したりする可能性があるからです。

4. 正確に伝えるためのチェックポイント　－5W1H－

　子どもの怪我や病気，行事など，情報を正確に伝えなければならない時があります。その時に役に立つ視点に，5W1H（いつ，どこで，だれが，なぜ，どうやって）があります。よく使われる言葉ですが，忘れがちなものでもあります。

　報告事項を書く時には，いつも頭においておくとよいでしょう。

1 けがについて報告しよう

以下の文章は，保育者が保護者に向けて書いたものです。文章を読み，以下の設問に答えましょう。

> ①午前中に行ったリレーの練習中転んでしまいました。膝をすりむきましたので，すぐに消毒を行いました。②（ア．消毒を　イ．もう一度　ウ．就寝前に）お願いします。

Q1．次の文章（下線①）に，読点「，」を打ちましょう。

　　　　　午前中に行ったリレーの練習中転んでしまいました。

Q2．下線②のア～ウを適切な順に並べ替え，（　）に回答を記入してください。
　　　　（　　　）（　　　）（　　　　）お願いします。

> ア．消毒を　　イ．もう一度　　ウ．就寝前に

Q3．上記の文章にけがをしたときの様子を書き加えるとしたら，どのような内容が考えられますか。保護者に宛てて，文章を書いてください。

Answer

Q1 Check them out！（確認してみよう！）

〈修正前〉

午前中に行ったリレーの練習中転んでしまいました。

──▶《解答例》

午前中に行ったリレーの練習中，転んでしまいました。

《解　説》　文章を読みやすくするためにうちます（1章2節8参照）。

Q2 Check them out！（確認してみよう！）

《解答例》ウ．→　イ．→　ア．

（ウ．就寝前に　イ．もう一度　ア．消毒を）お願いします。

《解　説》　修飾関係にある語は近づけます（1章2節9参照）。

Q3 Check them out！（確認してみよう！）

《解答例》

　　午前中，運動会で行うリレーの練習中に転んでしまいました。膝をすりむき，少し出血がみられたので，すぐに消毒をしました。他にけがをしているところはありません。処置後は，練習に戻り，友達と一緒に活動に参加できました。

　　就寝前に，もう一度消毒をお願いします。

《解　説》　けがをしたことを報告する時のポイント

　子どもがけがをした場合，連絡帳に記述する主な内容は，けがの程度，時間，場所，状況，処置，降園までの様子です。保護者が子どもを迎えに来た時に口頭でも報告します。頭を打った場合は，子どもの様子を家庭でも観察してもらうようにお願いしておくことが大切です。

　医師の診察を要するような重症の場合は，家庭への電話連絡を緊急に行う必要があることは言うまでもありません。

2　物を持参してもらうようお願いしよう

　以下の文章は、保育者が保護者に向けて連絡帳に書いたものです。下線には、不適切な表現があります。適切な文章に直しましょう。

> 　最近、りかちゃんは、とても背が伸びて、お姉さんらしくなりましたね。足も大きくなったようで、上履きが少し小さくなっています。①いっつも靴の後ろを踏んで履いてるみたいです。②早く上履きを買い換えてください。よろしくお願いいたします。

Q１．下線部①には、不適切な表現があります。適切な表現に直しましょう。

Q２．下線部②は、保護者に不快感を与える表現です。適切な表現に直しましょう。

Answer

Q1 Check them out！（確認してみよう！）

〈修正前〉

いっつも靴の後ろを踏んで履いてるみたいです。

──▶《解答例》

いつも靴の後ろを踏んで履いているようです。

《解　説》　話し言葉になっています（1章2節13参照）。
稚拙な印象を与えるので，使わないように気をつけましょう。

Q2 Check them out！（確認してみよう！）

〈修正前〉

早く上履きを買い換えてください。

──▶《解答例》

代わりの上履きのご用意をお願いいたします。

《解　説》　保護者に負担を感じさせない表現を心がけます。
新しい上履きをすぐに購入するように，強く求める表現になっています。新しい靴の購入が負担になる場合があることを考慮しましょう。

〈物を持参してもらうようにお願いをする時のポイント〉

　連絡帳を使ってお願いするのは，主に個人で使用する物を持参してもらう場合です。

　例えば，「着替えが不足している」「上履きが小さくなった」などの状況があげられます。ものが必要な理由を十分に説明し，保護者の理解を得られるようにすることが大切です。家庭によっては，すぐに持参できない事情を抱えている場合もあります。保護者に負担を感じさせないように，十分配慮する必要があるでしょう。

第3章　保育に関係する文章を書いてみよう

3 生活リズムを整えるようにお願いしてみよう

　以下の文章は，保育者が保護者に向けて連絡帳に書いたものです。下線には，不適切な表現があります。適切な文章に直しましょう。

> 　最近，たかしくんが気に入っている遊びは，ボール蹴りです。<u>午前中眠そうにしていることが多いのですが</u>，今朝はすぐに友達をみつけて，ボールで活発に遊んだため，今日は，いつもより早く眠くなると思います。<u>いつも寝る時間が遅いので，気をつけてください。</u>
> 　明日も朝からボールで遊びたいと話してくれました。好きな遊びが見つかってうれしく思っています。

Q1．下線部①には，不適切な表現があります。適切な表現に直しましょう。

Q2．下線部②は，保護者に不快感を与える表現です。適切な表現に直しましょう。

Answer

Q1 Check them out！（確認してみよう！）

〈修正前〉

午前中眠そうにしていることが多いのですが，今朝はすぐに友達をみつけて，ボールで活発に遊んだため，今日は，いつもより早く眠くなると思います。

──▶《解答例》

午前中眠そうにしていることが多いようです。でも，今朝は，すぐにボールをみつけて，友達と活発に遊んでいました。そのため，今日は，いつもより早く眠くなると思います。

《解　説》　一つの文章を短くします。

わかりやすい表現の基本とは，一つの文章に対して，できるだけ「主語一つ」，「述語一つ」にすることです。どれを主語と述語にするのかを考えてみてください。

Q2 Check them out！（確認してみよう！）

〈修正前〉

いつも寝る時間が遅いので，気をつけてください。

──▶《解答例》

遊びの疲れがとれるように，なるべく早い時間に休ませてあげてください。

《解　説》　批判的な表現を用いないようにします。

この文章は，保護者を強く批判しているような印象を与えます。「いつも～である」とは，長期にわたる事柄を断定的に述べる表現です。家庭での保育のやり方を決めつけるような言い方は，トラブルの原因となりかねません。

「気をつけてください」という記述は，裏を返せば，気をつけていないと言っていることと同じです。

〈生活リズムを整えるお願いをする時のポイント〉

子どもの生活リズムは，保護者の仕事や家庭の状況と深く関係しています。家族の就寝時間が遅い場合，子どもが保護者の生活リズムに合わせなければならない場合もあります。家庭の事情に配慮し，非難したり，一方的な通告になったりしないように気をつけましょう。

4 子どもの育ちを伝えよう

　以下の文章は，保育者が保護者に向けて連絡帳に書いたものです。傍線部には，不適切な表現があります。適切な文章に直しましょう。

　　今日は，とてもうれしいことがありました。①スープに入っていた人参を，あゆみちゃんが食べれたのです。②そのスープは，大きな人参がたくさん入っていましたが，「おいしい」と言って食べてくれました。③でも，しいたけは，食べられませんでした。

Q1．下線部①には，不適切な表現があります。適切な表現に直しましょう。

Q2．下線部②には，不適切な表現があります。適切な表現に直しましょう。

Q3．下線部③を，「しいたけが食べられるようになってほしい」という保育者の気持ちが伝わる表現に直しましょう。

Answer

Q1 Check them out！（確認してみよう！）

〈修正前〉 スープに入っていた人参を，あゆみちゃんが食べれたのです。

──▶《解答例》

スープに入っていた人参を，あゆみちゃんが食べられたのです。

《解　説》「ら抜き言葉」になっています。

間違いやすい表現ですので，気をつけましょう。「食べることができた」と記述してもよいでしょう。

Q2 Check them out！（確認してみよう！）

〈修正前〉 そのスープは，大きな人参がたくさん入っていましたが，「おいしい」と言って食べてくれました。

──▶《解答例》

そのスープには，大きな人参がたくさん入っていました。でも，「おいしい」と言って食べてくれました。

《解　説》 文頭と文末が不一致となっています。

文頭と文末を続けて読むと，一致しているかどうかわかります。文章を読み返し，文頭と文末が一致していることを確かめる習慣をつけましょう。

Q3 Check them out！（確認してみよう！）

〈修正前〉 でも，しいたけは，食べられませんでした。

──▶《解答例》

次は，苦手なしいたけが食べられるようになるといいですね。

《解　説》 子どもの育ちを期待する表現にします。

「しいたけが食べられなかった」事実を伝えるだけでは，否定的な印象を与えるかもしれません。今後の子どもの育ちを楽しみにしていることが伝わるような表現が望ましいでしょう。

第2節：おたよりを書いてみよう

1．なぜ，おたよりを書くの？
　園がおたよりを出す目的には，以下のことが挙げられます。
　（1）保護者に保育の様子を伝え，園生活への関心を高める。
　（2）園や保育者の保育に対する姿勢・方針などを保護者に伝え，家庭との連携を図る。
　（3）連絡事項を間違いのないように，周知徹底する。

2．おたよりには，どんなことを書くの？
〈園だより〉
　すべての在園児を対象とします。主に，行事やお願いする事項などを書きます。園長や主任が書く場合が多いようです。
〈クラスだより〉
　クラスや学年の様子を書きます。子どもの活動や成長の様子などを保護者に伝えます。
〈栄養だより〉
　園での給食やおやつに関することを書きます。その他，子どもに人気があるメニューのレシピ紹介，食に関する豆知識の紹介など，子どもや保護者に食に関心を持ってもらえるように工夫を行います。
〈保健だより〉
　子どもの健康管理に関する情報を載せます。健康診断や予防接種などの実施を連絡したり，基本的生活習慣の自立を助ける関わり方や感染症予防の方法等を伝えたりします。

3．おたよりを書くときのポイントって？
（1）わかりやすい表現を使う
　①専門用語を使わない。
　②具体的な事例を挙げて書く。
　子どもの様子が具体的にイメージできるように留意しましょう。
（2）子どものエピソードや保護者の声を載せる
　①園からのお願いや連絡だけを載せない。
　子どもの園生活の様子や成長，保護者の悩み，要望などを載せましょう。保護者と園とが，一緒に保育を行っているという意識をもってもらえるようにするためです。
（3）おたよりを出す時期に配慮する
　おたよりを出す時期は，年度，学期，月，週など様々です。おたよりを出す時期が早すぎれば，内容を忘れられてしまいます。また，遅すぎれば，保護者が対応できない場合もあります。保護者が対応に要する時間を考慮することがポイントでしょう。

(4) 要点が書いてあるか確認する

　目的や趣旨，日時，日程，持ち物，注意事項など，必要な内容が記述されているか必ず確認するようにしましょう。

4．レイアウトの工夫って？

(1) 基本的なレイアウトを統一し，固定欄をつくる

　どこに何が書いてあるのかをわかりやすく伝えるために，おたよりの各号の基本的なレイアウトを統一するとよいでしょう。特に，保護者に確実に伝えたい内容は，掲載する位置を決めておくと効果的です。

　　e.g.「行事予定」「依頼事項」など

(2) イラストを効果的に使う

　内容にあったイラストを使い，視覚的に理解できるようにしましょう。

(3) 段落の配置を工夫する

　文章のつながりを明確にするために，段落の配置に気をつけましょう。読者の目の動きに配慮して，段落やイラスト・写真を配置すると読みやすくなります（右図参照）。

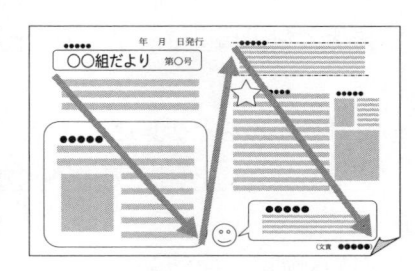

読者の目の動き

(4) 文字の大きさ，書体，行間，段間，罫などに配慮する

　具体的な方法の1つとして，以下の例を上げておきます。

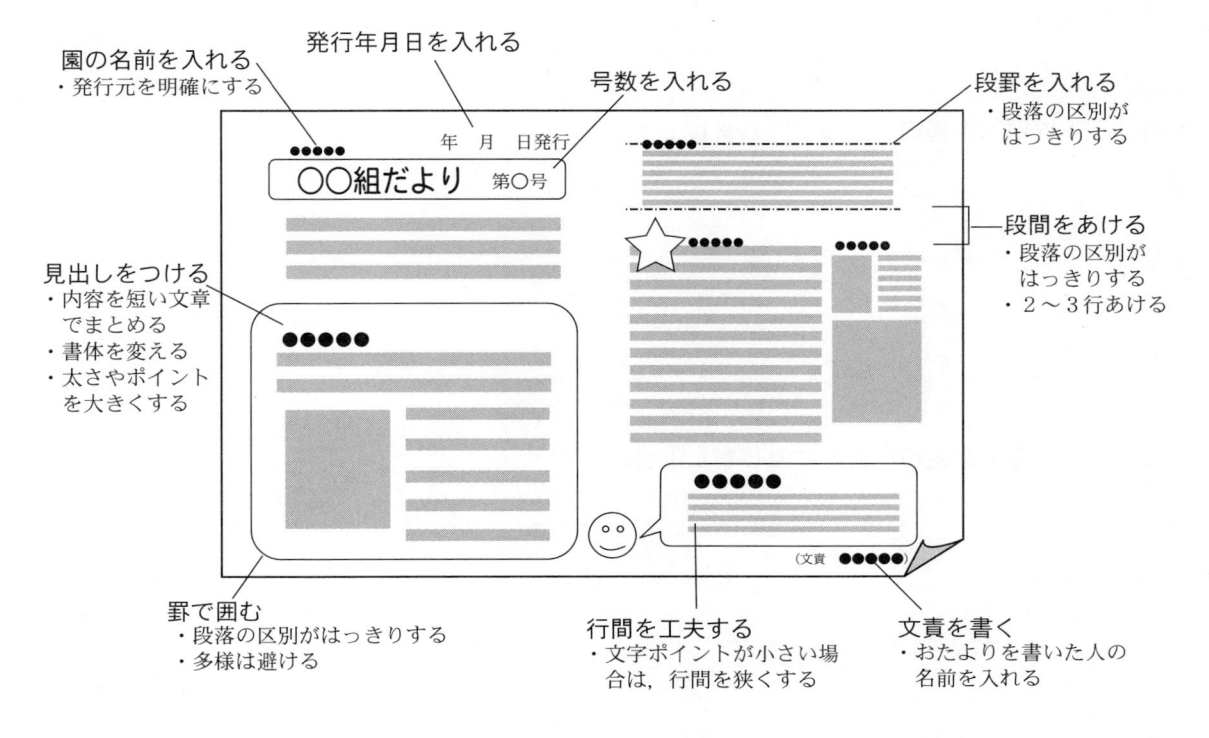

園の名前を入れる
・発行元を明確にする

発行年月日を入れる

号数を入れる

段罫を入れる
・段落の区別がはっきりする

段間をあける
・段落の区別がはっきりする
・2～3行あける

見出しをつける
・内容を短い文章でまとめる
・書体を変える
・太さやポイントを大きくする

罫で囲む
・段落の区別がはっきりする
・多様は避ける

行間を工夫する
・文字ポイントが小さい場合は，行間を狭くする

文責を書く
・おたよりを書いた人の名前を入れる

第3章　保育に関係する文章を書いてみよう

1 プール遊びのお知らせ

　以下の文章は，保育者が保護者に宛てた「プールあそび」のお知らせです。下線部には，不適切な表現があります。適切な文章に直しましょう。

おしらせ

7月1日からプールあそびがはじまります

　暑い日が続き，プール遊びが楽しい季節となってきました。<u>7月1日以降，雨天でない日にはプール遊びを行います。雨天でない日には，以下の持ち物をビニール袋に入れてご用意ください。</u>①

　体調不良などの理由により，プール遊びができない場合は，<u>連絡帳に記入をお願い</u>②<u>いたします。（理由をお書きください）</u>

〈持ち物〉
　・水着
　・タオル1枚（フェイスタオル）
　・ビニール袋1枚（使用した水着・タオルを入れます）

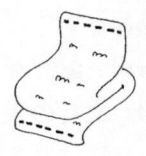

Q1．下線部①を適切な表現に直しましょう。

　　　　　　　　　　　　　　　　　　　　　　　　　　
　　　　　　　　　　　　　　　　　　　　　　　　　　
　　　　　　　　　　　　　　　　　　　　　　　　　　
　　　　　　　　　　　　　　　　　　　　　　　　　　

Q2．下線部②を適切な表現に直しましょう。

Answer

Q1 Check them out！（確認してみよう！）

〈修正前〉

　7月1日以降，雨天でない日にはプール遊びを行います。雨天でない日には，以下の持ち物をビニール袋に入れてご用意ください。

───▶《解答例》

　　　7月1日以降，雨天でない日にはプール遊びを行います。以下の持ち物をビニール袋に入れてご用意ください。

　　　　　　　《解　説》　同じ言葉を続けて使わないようにしましょう。
　　　　　　　　　くどい表現になるからです。省略するか，別の言葉に言い換えるとよいでしょう。

Q2 Check them out！（確認してみよう！）

〈修正前〉

　連絡帳に記入をお願いいたします。（理由をお書きください）

───▶《解答例》

　　　連絡帳に記入をお願いいたします（理由をお書きください）。

　　　　　　　《解　説》　句点「。」は（……）の後に打ちます。
　　　　　　　　　（……）で文末に注釈をつけた場合，句点「。」は（……）の後に打ちます。（……）の内容が文章を補足していることがわかるようにするためです。

2 懇談会の案内を書いてみよう

以下の文章は，保育者が保護者に宛てた「個人懇談」のご案内です。文章を読み，以下の設問に答えましょう。

「個人懇談」のご案内

　2学期修了も間近となりました。年末を迎え，みなさまお忙しい日々をお過ごしのことと存じます。

　3学期を迎えるにあたって，本園では，①お子様の園生活について保護者のみなさまにご報告したり，ご家庭での様子をお伺いする機会を持ちたいと考えております。

　つきましては，下記の日程で「個人懇談」を行いますので，ご案内申し上げます。②お子様一人ひとりの今の現状を把握しあい，より充実した保育を行えるようにするために，ぜひともご出席いただきますようお願い申し上げます。

　なお，ご都合が悪い場合は，担任までご連絡をお願いいたします。

　　　　　　　　　　　　記

　日　時：平成　　　年　　　月　　　日
　　　　　午後　　時　　分　～　　　時
　場　所：〇〇教室

Q1．下線部①を適切な表現に直しましょう。

_____

_____

_____

_____

Q2．下線部②を適切な表現に直しましょう。

_____

_____

_____

_____

Answer

Q1 Check them out！（確認してみよう！）

〈修正前〉 お子様の園生活について保護者のみなさまに<u>ご報告したり</u>，ご家庭での様子を<u>お伺い</u>する機会を持ちたいと考えております。

──▶《解答例》

　　お子様の園生活について保護者のみなさまに<u>ご報告したり</u>，ご家庭での様子を<u>お伺いしたり</u>する機会を持ちたいと考えております。

《解　説》「〜たり」は，2回続けて使いましょう。
　「ご報告」「お伺い」が並立の関係にあるので，同じ表現が好ましいのです。並立にすると，物事の全体的な内容が理解しやすくなります。

Q2 Check them out！（確認してみよう！）

〈修正前〉 お子様一人ひとりの今の現状を把握し

──▶《解答例》

　　お子様一人ひとりの現状を把握し

《解　説》 同じ意味の言葉を繰り返さないようにします。
　「今」「現状」は，現在のことを意味する点で同じです。くどい表現になるので，気をつけましょう。

〈気をつけよう〉

各クラスごと	（各クラス，クラスごと）
いちばん最初に	（いちばんに，最初に）
〜一人だけに限定する	（一人だけにする　一人に限定する）
単にそれだけ	（単に〜　，それだけ）

3 栄養だよりを書いてみよう

以下の文章は，保育者が保護者に宛てた「栄養だより」の一部分です。文章を読み，以下の設問に答えましょう。

秋が旬の豆をたべよう！

① 今年とれた豆は，皮がやわらかく，よい香りがします。
② でも，意外と手間がかからずに調理することができるのです。
③ おいしい旬の豆を，子どもたちに食べさせてあげませんか。
④ 豆を煮るのは，手間がかかる気がするかもしれません。
⑤ 簡単でおいしい煮豆の作り方は，次のとおりです。

《金時豆の煮かた》
★豆を一晩つける
★ <u>なべに豆と水を入れ，煮こぼれるまで煮ます。</u>
　①
★豆がやわらかくなったら，砂糖を入れる
★最後に，塩を少量入れて出来上がり

Q1．簡潔な表現になるように，①〜⑤までの文章を並べ替えましょう。

第1文（　　）→ 第2文（　　）→ 第3文（　　）→ 第4文（　　）→ 第5文（　　）

Q2．第1文を選んだ理由を書きましょう。

Q3．下線部①を適切な表現に直しましょう。

Answer

Q1 Check them out！（確認してみよう！）

〈解答例〉

第1文（③）→ 第2文（①）→ 第3文（④）→ 第4文（②）→ 第5文（⑤）

Q2 Check them out！（確認してみよう！）

〈解答例〉 ③が見出しの内容を最もよく表しているからです。第1文に，もっとも伝えたい事柄を書くことで，本文の内容が一目でわかると考えました。

《解　説》 第1文に，最も伝えたい事柄（結論）を書きます。

本文の内容が一目でわかるようになります。まず，見出しを決め，それを説明する文章から書き始めると，簡潔で，わかりやすい文章になるでしょう。

Q3 Check them out！（確認してみよう！）

〈修正前〉 なべに豆と水を入れ，<u>煮こぼれるまで煮ます。</u>

──▶〈解答例〉

なべに豆と水を入れ，<u>煮こぼれるまで炊く</u>

《解　説》 文末を統一します。

文末を「常体」に変え，他の文と統一します。同様に，句点「。」も削除します。

「煮こぼれるまで煮ます」は，「煮」を2回用いているため，くどい表現です。異なる表現を用いることが望ましいでしょう。

書式が統一されているかを確認する習慣をつけましょう。

「常体」：「〜だ」「である」で終わる文体
「敬体」：「です」「ます」で文末か終わる丁寧な文体

---

4 保健だよりを書いてみよう

以下の文章は，保育者が保護者に宛てた「保健だより」の一部分です。文章を読み，設問に答えましょう。

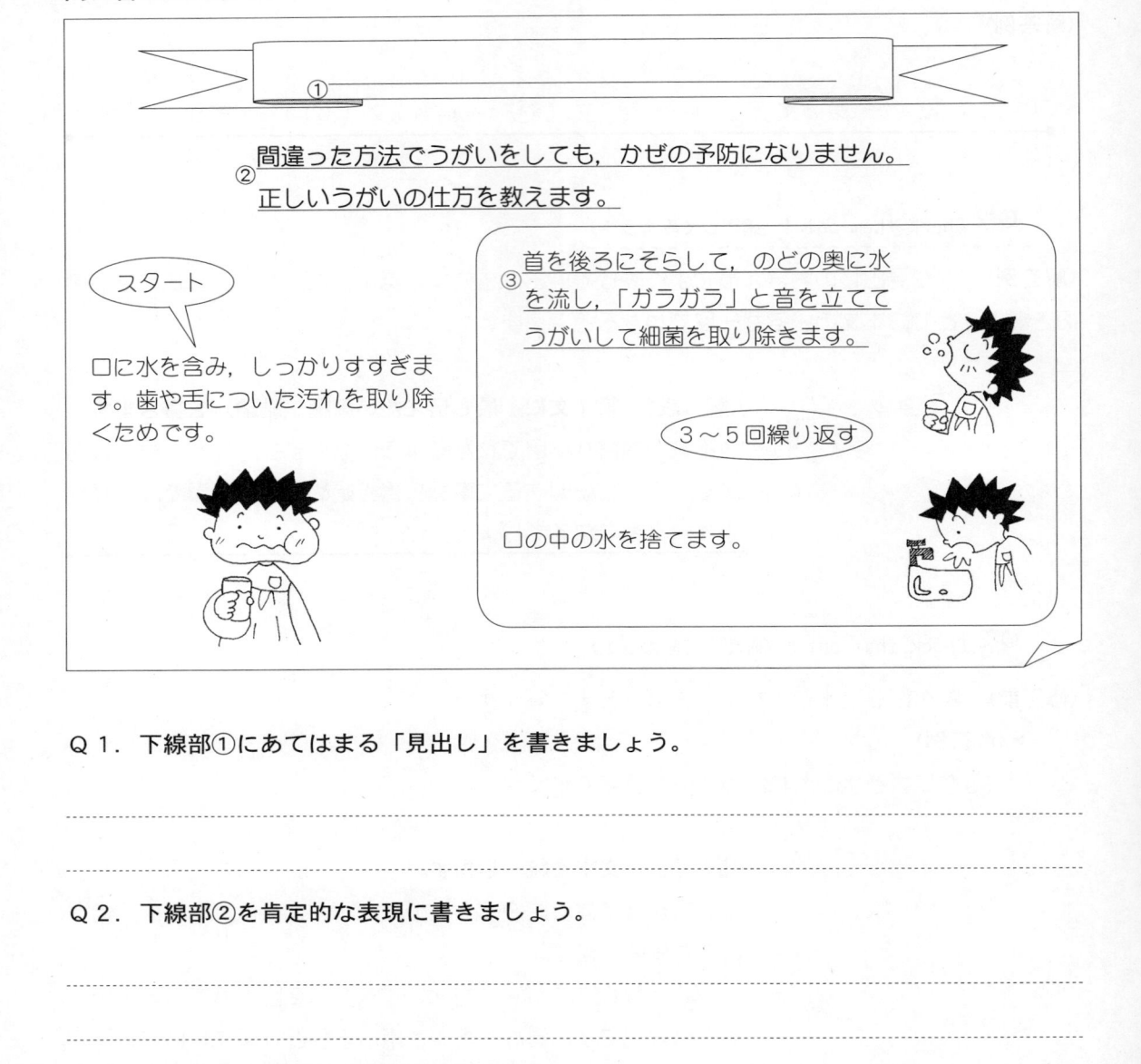

---

①

② 間違った方法でうがいをしても，かぜの予防になりません。正しいうがいの仕方を教えます。

スタート

口に水を含み，しっかりすすぎます。歯や舌についた汚れを取り除くためです。

③ 首を後ろにそらして，のどの奥に水を流し，「ガラガラ」と音を立ててうがいして細菌を取り除きます。

3〜5回繰り返す

口の中の水を捨てます。

Q1. 下線部①にあてはまる「見出し」を書きましょう。

Q2. 下線部②を肯定的な表現に書きましょう。

Q3. 下線部③を適切な表現に直しましょう。

Answer

Q1 Check them out！（確認してみよう！）

《解答例》 正しい「うがい」で風邪予防

《解　説》 本文と同じ言葉を用います。

見出しは，本文の内容を簡潔に表すものです。本文と同じ言葉を使って書くと，見出しと本文との関係が明確になります。「正しいうがい」「風邪の予防」を含めることがポイントでしょう。

Q2 Check them out！（確認してみよう！）

〈修正前〉 間違った方法でうがいをしても，かぜの予防になりません。正しいうがいの仕方を教えます。

──▶《解答例》

うがいの仕方は正しいですか？　かぜの予防に効果的なうがいの方法をご紹介します。

《解　説》 指導的表現は避けます。

「やってみたい」「効果がありそう」など，前向きな気持ちになれる表現を心がけましょう。「上の立場から保育者が指導をする」表現は，できるだけ避けましょう。

Q3 Check them out！（確認してみよう！）

〈修正前〉 首を後ろにそらして，のどの奥に水を流し，「ガラガラ」と音を立ててうがいして細菌を取り除きます。

──▶《解答例》

首を後ろにそらして，のどの奥に水を流します。

「ガラガラ」と音を立ててうがいをし，細菌を取り除きます。

《解　説》 短く，簡潔な文章にします。

内容が理解しやすい文章にするため，できるだけ短く，簡潔な文章を書くように心がけましょう。

内容にあったカットを入れると効果的ですよ。

第3章　保育に関係する文章を書いてみよう　103

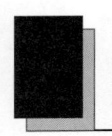

第3節：指導計画を書いてみよう

1．なぜ，指導計画を書くの？

　指導計画は，保育者が子どもの成長・発達を援助するために必要な指導内容や方法，環境の構成等をまとめたものです。その主な目的には，以下のことが挙げられます。
- 保育を客観的にとらえ，評価，反省，改善を行う。
- 長期的発達を見通しながら，子どもの生活に即した保育を行う。
- 子どもの興味や生活の連続性に配慮する。

　つまり，思いつきで保育を行うのではなく，どの時期に，どのような活動が必要かの見通しを持ちながら，より適切な実践を行うために書くのです。

2．どんなものがあるの？

　指導計画は，保育を見通す長さによって異なります。その種類は，長期の指導計画と短期の指導計画の大きく二つに分けられます。長期の指導計画には，年間，期間，月間があります。これらをより具体的に示した短期の指導計画として，週案，日案があります。園によっては，月案と週案をまとめた「月週案」，週案と日案を一緒にした「週日案」などもあります。

　指導計画の基になるのが教育課程（幼稚園）・保育計画（保育所）です。教育課程・保育計画とは，入園から修了（卒園時）までの全体的な計画のことをいいます。幼稚園教育要領・保育所保育指針，園の理念，地域の実態，子どもの発達，保護者の意向等を考慮して作成されます。

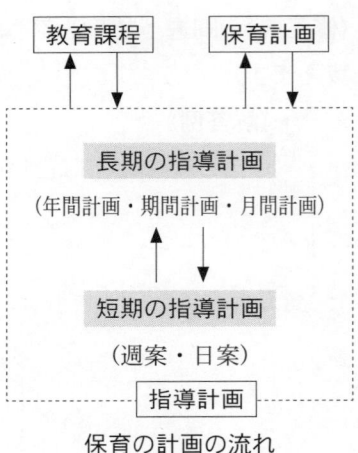

　それぞれの指導計画は，単独で作成されるものではありません。教育課程・保育計画や他の指導計画を踏まえて作成し，子どもの実態に沿った適切な保育が行えるように常に修正を加えていく必要があります。

保育の計画の流れ

教育課程　保育計画
　　↓↑　　　↓↑
長期の指導計画
（年間計画・期間計画・月間計画）
　　↕
短期の指導計画
（週案・日案）
　　　　　　指導計画

保育所保育指針
「第1章総則　2保育の内容構成の基本方針（2）保育の計画」
「第11章　保育の計画作成上の留意事項」

幼稚園教育要領
「1章総則　3教育課程の編成」
「第3章　指導計画作成上の留意事項」

3．指導計画の書式と作成のポイントは？

(1) 3歳未満児の場合

未満児は発育・発達の個人差が大きいため，指導計画には，個への配慮を記入する項目が設けられています。

特に，0・1歳児の場合，食事・排泄・睡眠などの細項目に分けて立案します。

子どもの健康，安全，情緒の安定等へのきめ細やかな配慮が望ましいためです。

0・1歳児月間指導計画の例　　作成日：　年　月　日（　）

			所(園)長印	主任印	保育士印
ねらい			配慮事項		
内容			職員間の共通理解		
家庭・地域との連携			行　事		
子どもの姿				個人別配慮	
食　事	排　泄	睡　眠	保健衛生	遊　び	名前○歳○ヵ月
					名前○歳○ヵ月
					名前○歳○ヵ月

(2) 3歳以上児の場合

指導計画（日案）　　年　月　日（　）

組　歳児　出席　名　欠席　名	担任名
子どもの姿	ねらい・内容

時間	環境の構成・幼児の活動	保育者のかかわり
8:30	○登園する ・連絡帳にシールを貼る ・持ち物の始末をする ○好きな遊びをする	・子ども一人ひとりに声をかけながら，視診をする。 ・持ち物の始末ができていない子どもは，片づけをするように声をかける。
	評価・反省	

子どもの姿
前日までの子どもの姿を書く。遊びの様子，生活習慣の確立の程度，人間関係などの視点から記述する。

時間
子どもの活動を，登園から降園までの時間の流れに沿って書く。
活動内容が変わる場合に，記述する。

活動内容が変わる場合，○印をつける。

環境の構成
準備物，数量，配置などを書く。
図で示してもよい。

幼児の活動
ねらいと内容をもとに，子どもの具体的な活動を書く。
遊びや活動の展開予想しながら記述する。
子どもを主語にして，文章を書く。

ねらい・内容
子どもの姿をふまえて，子どもに学んでほしいこと，育ってほしいことを「ねらい」とする。
「内容」は，「ねらい」を達成するために，子どもが経験することを具体的に書く。
月間指導計画や週案等との関連を考慮する。
保育所の場合，保育所保育指針に示されている養護に関する「ねらい」「内容」も踏まえて書く。

文頭に「・」をつける。
子どもの活動と対応させる。

保育者のかかわり
保育者が配慮すること，留意すること等を書く。「何のために」「どうやって」行うのか，理由と方法を具体的に。
保育者を主語にして，文章を書く。

第3章　保育に関係する文章を書いてみよう　105

1 登園時の指導計画を書いてみよう

　以下の表は，幼稚園3歳児の日案の一部です。入園して間もない時期であると想定して文章を読み，以下の設問に答えましょう。

○○○組　3歳児　出席○名　欠席○名		担任名　○○○　○○○	
子どもの姿	・保護者から離れられず，保育室に入ることをぐずったり，泣いたりする子どもがいる。 ・保育者が手助けすることで，自分で所持品を片付けようとする。	ねらい	・喜んで登園し，保育者に親しむ。 ・園での過ごしかたを知る。
^^	^^	内容	・保育者と挨拶を交わし，一緒に安心して過ごす。 ・保育者と一緒に所持品の始末をし，片付け方や自分のロッカーの場所を知る。
時間	環境の構成・幼児の活動		保育者のかかわり
8：30	○登園する 　・あいさつをする 　・所持品の始末をする		・子ども一人ひとりに笑顔で声をかけ，安心して一日が過ごせるように配慮する。 ・①_____ ・② 子どもの所持品の始末の手助けをする。

Q1．下線部①に，「保護者と離れることを嫌がる子ども」へのかかわりを書いてみましょう。どのような援助が考えられますか？

Q2．下線部②を適切な表現に直しましょう。

Answer

Q1 Check them out！（確認してみよう！）

《解答例》
　保育者が子どもを抱いたり，遊びに誘ったりするなど，気持ちが切り替えられるように配慮する。

> 《解　説》　無理に保護者と引き離さないことが大切です。
> 　保護者が必ず迎えに来ることを子どもに伝え，気持ちが安定するように配慮します。気持ちが落ち着くまで，保育者が側にいたり，膝に乗せたりするなどの配慮が必要でしょう。

Q2 Check them out！（確認してみよう！）

〈修正前〉　子どもの所持品の始末の手助けをする。
──▶《解答例》　所持品を始末できるように，子どもの手助けをする。

> 《解　説》「の」を3回以上続けて使わないようにしましょう。
> 　読みにくく，間延びした文になるためです。順番を入れ替えたり，言葉を変えたりするとよいでしょう。

考えてみよう！

子どもに「～してもらう」
「もらう」…補助動詞：他人が何らかの動作をすることによって，利益を受ける意を表す。また，依頼して他人に行為させる意を表す。

子どもに「～してあげる」
「あげる」…補助動詞：動作相手の利益になることを行う意を表す

子どもが何かをすることによって，保育者が利益を受けるというニュアンスになります。子どもが活動するのは保育者の利益のためではないので，この表現は不適切です。

保育者が子どもの利益になることを行うというニュアンスになります。保育者は子どもに利益を与えるために活動する（指導する）わけではないので，この表現は不適切です。

> したがって，「してもらう」「してあげる」ではなく，「する」と表現するほうがよいでしょう。

2 絵本の読み聞かせの指導計画を書いてみよう

以下の表は，4歳児の日案の一部です。以下の文章を読み，以下の設問に答えましょう。

時間	環境の構成・幼児の活動	保育者のかかわり
15：45	○降園の準備をする。 ・絵本をみる。 　「○○○○○」 　　　　　　　　　：	・帰りの用意をするように声をかける。 ・絵本を読むことを子どもに知らせ，椅子に①<u>座らせる。</u> ・②<u>落ち着いた雰囲気の中で，絵本がみられるように配慮する。</u> 　　　　　　　　　：

Q1．下線部①「座らせる」を，別の表現に書き換えてみましょう。

　　　　　　　　　　　　　　　　　　　　　　　　　　　　　　　　　　　　　　
　　　　　　　　　　　　　　　　　　　　　　　　　　　　　　　　　　　　　　
　　　　　　　　　　　　　　　　　　　　　　　　　　　　　　　　　　　　　　

Q2．下線部②「落ち着いた雰囲気の中で，絵本がみられるように配慮する」について，より具体的な保育者のかかわりを書いてみましょう。

　　　　　　　　　　　　　　　　　　　　　　　　　　　　　　　　　　　　　　
　　　　　　　　　　　　　　　　　　　　　　　　　　　　　　　　　　　　　　
　　　　　　　　　　　　　　　　　　　　　　　　　　　　　　　　　　　　　　

Q3．絵本の読み聞かせを始める前の環境づくりとして，下線①②の他にどのようなものが考えられますか？

Answer

Q1 Check them out！（確認してみよう！）

〈修正前〉 絵本を読むことを知らせ，子どもを椅子に座らせる。

──→《解答例》 絵本を読むことを知らせ，椅子に座るように子どもへ言葉かけする。

《解 説》「～させる」は使わせないようにします。

文法的には，間違いではありません。ただし，「～させる」は，保育者の主導（使役）が強い表現であるため，指導計画への記述を控える傾向があります。使用してもよいとする場合もあるので，園の方針を確認する必要があります。

Q2 Check them out！（確認してみよう！）

〈修正前〉 落ち着いた雰囲気の中で，絵本がみられるように配慮する。

──→《解答例》 絵本の表紙を見せて登場人物への興味を喚起し，落ち着いた雰囲気の中で絵本がみられるように配慮する。

《解 説》 絵本に興味がもてるような導入方法を考えます。

子どもが落ち着くようするために，絵本を読む前に手遊びや歌をうたう場合が多いようです。絵本への興味の喚起を目的とした視点から，導入方法を工夫することがポイントでしょう。

「落ち着いた雰囲気の中で，絵本がみられるように配慮する」という記述は，やや具体性に欠けます。「落ち着いた雰囲気」にする方法をその場で考え，思いつきだけで保育をすることを避けるために，子どもへの望ましいかかわりを具体的に書いておくことが大切です。

Q3 Check them out！（確認してみよう！）

どの子どもからも絵本がみえるように配慮するには？

〈絵本の持ち方〉

　　子どもが椅子に座っている　→　保育者は立って読む
　　子どもが床に座っている場合　→　保育者は椅子に座る

〈子どもの座り方〉

　　扇形に座れるようにする

〈読む場所〉

　　後ろに廊下や窓がない場所で読む
　　直射日光が当たらない場所

第3章　保育に関係する文章を書いてみよう

3 プール遊びの指導計画を書いてみよう

以下の表は，保育園5歳児の日案の一部です。文章を読み，以下の設問に答えましょう。

時間	環境の構成・幼児の活動	保育者のかかわり
10:30	○①プール遊びをさせる。 ・身じたくをする。 ・準備運動をする。 ・用具を使って遊ぶ。 　ボール 　フープ	・気温，水温，子どもの健康状態を確認する。 ・②排泄を済ませた子どもから，着替え。 ・③プール遊びでの約束事を子どもと一緒に確認し，安全に留意して遊べるように促す。 ・プール遊びを怖がる子どもに配慮し，シャワーやホースを使った水遊びからはじめる。

Q1．下線部①を適切な表現に直しましょう。

Q2．下線部②を適切な表現に直しましょう。

Q3．下線部③を適切な表現に直しましょう。

Answer

Q1 Check them out！（確認してみよう！）

〈修正前〉 プール遊びをさせる。

──▶《解答例》 プール遊びをする。

《解　説》 子どもを主語にして書きます。

「環境の構成・幼児の活動」は，子どもが何をするのかを書きます。つまり，ここに記述する文は，子どもを主語にする必要があります。「プール遊びをさせる」は，保育者が主体となっている文章のため，間違いであると言えます。

Q2 Check them out！（確認してみよう！）

〈修正前〉 排泄を済ませた子どもから，着替え。

──▶《解答例》 排泄を済ませた子どもから，着替えをするように言葉かけをする。

《解　説》 文末を統一します。

文末を「常体」で統一します。「保育者のかかわり」は，保育者を主語にして書きます。「〜をするように促す」「〜をすることを伝える」と記述してもよいでしょう。

Q3 Check them out！（確認してみよう！）

〈修正前〉 プール遊びでの約束事を子どもと一緒に確認し，安全に留意して遊べるように促す。

──▶《解答例》 プール遊びでの約束事を子どもと一緒に確認し，安全に留意して遊ぶように促す。

《解　説》 なぜ「遊ぶように促す」と書くの？

「遊ぶように促す」の場合

「遊ぶ」とは…
　単に，「遊ぶ」行為そのものを指します。
「遊ぶように促す」とは…
　子どもが「遊ぶ行為を促す」ということです。遊ばざるを得ない環境を設定することになります。言葉かけ，物的環境の設定など，保育者の積極的なかかわりを示す表現です。

「遊べるように促す」の場合

「遊べる」とは…
　「遊ぶことができる」と言い換えられます。
　つまり，「遊ぶ能力がある」または「遊ぶ可能性がある」という意味を含みます。
「遊べるように促す」とは…
◎「遊ぶ能力があるように促す」
　「遊ぶ能力が持てるように促す」ということです。
　「遊ぶ」ことと，「遊ぶ能力を持つ」ことは異なります。
　また，能力は，即座に育つものではありません。そのため，その日にできる具体的な保育者のかかわりを記述する「日案」への使用は，不適切になります。
◎「遊ぶ可能性があるように促す」
　「遊ばない可能性もある」ということです。「遊ぶか，遊ばないかは子どもまかせ」の消極的な表現は，指導案には不適切です。

4 未満児の指導計画を書いてみよう

以下の表は、保育園0歳児の月間指導計画の一部です。文章を読み、以下の設問に答えましょう。

0歳児　9月指導計画　　作成日：○年　○月　○日（○）

ねらい	○生活リズムに配慮し、生理的欲求を満たすことで、情緒の安定を図る。 ○食べる楽しみを味わい、食べることに興味を持つ。 ○話すことへの意欲を持つ。 ○自分で移動したり、姿勢を変えたりするなど、体を動かすことを楽しむ。	
内　容	○楽しく、落ち着いた雰囲気の中で、味わいながら食事をする。 ○いないいないばあ、バイバイなどの応答的な遊びを繰り返し行いながら、保育者とのやりとりを楽しむ。 ○安全な環境の中で、つかまり立ち、腹ばいなどを十分に楽しむ。	
配慮事項	○肌がかぶれやすいため、濡れタオルを用意し、清潔に保つよう留意する。 ○①話すことへの意欲を持ってもらえるように、喃語への十分な応答を心がける。 ○②＿＿＿＿＿＿＿＿＿＿＿＿＿＿＿＿＿＿＿＿＿＿＿＿＿＿	

子どもの姿

	食事	排泄	睡眠	保健衛生	遊び
りか（女児）0歳9カ月	○歯ぐきでつぶせる硬さのものを食べる。	○肌がかぶれやすい。こまめなオムツ交換を要する。	○睡眠のリズムができ、ほぼ同じ時刻に眠る。 ○機嫌よく目覚める。	○何でも口に入れようとする。	○いないいないばあ、バイバイなど、保育者との応答的なかかわりを楽しむ。 ○つかまり立ち、腹ばいをする。

Q1．下線部①を適切な表現に直しましょう。

Q2．内容「安全な環境の中で、つかまり立ち、腹ばいなどを十分に楽しむ」に関する具体的な配慮事項として、どのようなことが考えられますか？「ねらい」「子どもの姿」を踏まえて、②に当てはまる文章を考えましょう。

Answer

Q1 Check them out！（確認してみよう！）

〈修正前〉 話すことへの意欲を持ってもらえるように，喃語への十分な応答を心がける。

──▶《解答例》

話すことへの意欲を持てるように，喃語への十分な応答を心がける。

《解　説》『（子どもに）してもらう』は用いないようにする。
子どもが保育者のために「何かをする」というニュアンスが含まれます。そのため，この表現を使用することは，好ましくありません。

Q2 Check them out！（確認してみよう！）

1歳前後には，つかまり立ちやつたい歩きができるようになります。転倒しやすいため，注意が必要です。身の回りの物に興味を示し，何でも触り，口に入れてみます。

他児にも興味を持ち，服などを引っ張ったり，たたいたりする姿も見られます。

ねらい「体を動かすことを楽しむ」ことや，保健衛生「何でも口に入れようとする」ことを踏まえると，以下のような配慮事項が考えられるでしょう。

《解答例》
- つかまり立ちやつたい歩きをしている時は，転倒しないようにそばで見守る。
- 転倒しやすいため，子どもの周囲に角の鋭い玩具，家具などがないか確認する。
- 異物・危険物を誤飲することがないように，子どもの手が届く範囲にある小さい玩具，日用品，鋭利なものを片付ける。
- 玩具を消毒し，衛生面に配慮する。

第4節：実習日誌を書いてみよう

1．なぜ実習日誌を書くの？

　実習日誌には，実習中の一日一日の記録に加え，その日の感想・反省などを書きます。形式は様々ですが，実習では日誌を書くことが必ず求められます。日誌を書くことによって，実習生自身がその日の保育実践について整理し，考えを深めることができるからです。

> 実習日誌に日々の実習の流れや出来事を客観的にしかも具体的に記録する
> 　→その日の出来事（見たり聞いたり体験したことを）を確認できる
> 　→書き留めることを通して，自分の考えを整理できる
> 　→自分の課題を知ることができる（次の日の保育実践に活かすことができる）

2．どんなことを書くの？

　実習日誌には大きく分けて二つのことを書きます。まず一つ目は，その日の出来事です。子どもの様子，保育者の関わり方，それに対する子どもの反応，実習生自身の実践などを，一日の時間の流れに沿って書きます。二つ目は，その日の実習を通しての感想や反省，考察などです。その日の出来事を通して学んだことや考えたこと，疑問などを書くことを通して，自分の考えを整理するところです。

実習日誌（例）

〈出典：中九州短期大学編『保育・教育実習BOOK』学事出版，2005年，30頁〉

3. 実習日誌を書くときのポイント

　実習日誌を書くときのポイントは、「子どもをよく観察すること」です。しかし、漠然と眺めているだけでは子どもの様子を書くことはできません。子どもを観察する際には視点をはっきりさせ、意識して見ることを心掛けましょう。また、可能であれば、実習中にメモを取るのもよいでしょう。

　観察視点は記録する内容に関わってきます。ここでは記録すべき内容として、次の3点を挙げておきます。

(1) 子どもに関する記録

　第1に、子どもの活動や変化の記録です。友人関係、遊びへの取り組み、生活習慣、体調面、安全面などについて記録します。前日との違いなども気をつけて観察しましょう。遊びの場面では、構成メンバー、遊びの傾向、グループの中での子どもの位置づけなどをチェックします。

(2) 保育方法に関する記録

　第2に、担当保育者の子どもへの働きかけとそれに対する反応を観察し、記録します。子どもに対して担当保育者がどのように関わったのか、それに対し子どもはどのように応えたのか、などです。これを観察・記録することにより、担当保育者の技術面を学ぶことができます。実習生自身は、子どもの要求に対応できていたか、自分が準備した保育の内容が適切だったかなどをチェックしましょう。

(3) 保育環境に関する記録

　第3に、環境の設定が子どもの活動にとって適切であったかどうかを検討できるよう細かく記録します。例えば、子どもがどのように環境（教材）に対応していたか、環境設定の安全性はどうであったか、保育の計画やねらいを子どもがどのように受け入れていたか、などです。

　実際に記入するときには、担当保育者が読むことを念頭に置きながら書きましょう。「今日は楽しかった」「うれしかった」「よかった」のような漠然とした感想ではなく、事実や出来事をもとに感じたこと・考えたことを書くようにします。「何がどうであるから〜と感じた」の「何がどうであるから」の部分、つまり「背景や原因を書くこと」が大切です。

1 観察したことを記録しよう

以下は，実習中に観察したことを記録した文章です。これを読んで，以下の設問に答えましょう。

> ①AくんとBくんがスコップの取り合いをしていました。私が「二人とも仲良く使おうね」と注意しましたが，二人とも言い争いを止めませんでした。②するとY先生が来て，二人に話をしました。AくんもBくんも落ち着いてきて，最後には仲直りしました。

Q1．下線①では，「いつ」「どこで」起こった出来事なのか書いてありません。「自由遊びの時間に」「砂場で」という言葉を入れて，文章を書き直しましょう。

Q2．下線②では，Y先生がどんなことを話し，どういうふうに解決したのかがはっきりわかりません。それが詳しくわかるように，下の言葉を使って文章を書いてみましょう。

> 一人ひとりの話を聞いた
> 取り合いになった経緯を確認した
> 「どうしたら仲良く使えると思う？」と二人に尋ねていた
> AくんとBくんが「順番で使う」「交代で使う」と答えていた

Answer

Q1 Check them out！（確認してみよう！）

〈修正前〉

AくんとBくんがスコップの取り合いをしていました。

──▶《解答例》

自由遊びの時間に，AくんとBくんが砂場でスコップの取り合いをしていました。

《解　説》

観察記録を書く場合も，5W1H（だれが，いつ，どこで，なにを，なぜ，どうやって）を意識するようにしましょう。

Q2 Check them out！（確認してみよう！）

〈修正前〉

するとY先生が来て，二人に話をしました。AくんもBくんも落ち着いてきて，最後には仲直りしました。

──▶《解答例》

すると，Y先生が来られて，まず，一人ひとりの話を聞きました。そして，スコップの取り合いになった経緯を確認していました。その後，Y先生は「どうしたら仲良く使えると思う？」と二人に尋ねました。AくんとBくんは「順番で使う」「交代で使う」と答えていました。そのころには二人とも落ち着いてきて，最後には仲直りしていました。

《解　説》

この文章は，主に「保育方法に関する記録」になります。これにより，保育者がどのような関わりをし，それに子どもがどう反応したかを確認できます。漠然と「話をした」だけでなく，「どんなふうに話をしたか」を書くようにするとよいでしょう。

2　幼児の活動や実習の内容について書いてみよう

以下の表は，実習記録の一部です。文章を読み，以下の設問に答えましょう。

時間	環境の構成・幼児の活動		実習の内容
10：30	歌「かえるのうた」「七夕」	○ 先生のピアノに合わせて元気に歌を歌う。 ○ ②かえるのうたでリズム遊びをする。 ○ 七夕の歌を覚える。	○ ④子どもたちと一緒に歌を歌う。
①＿＿＿	折り紙 はさみ・のり	○ ③七夕の飾りを作る。 ○ のり，はさみを片付ける。	○ 子どもが正しくはさみを使えているか見守る。 ○ 後片付けを促す。
11：30	給食台 台拭き	○ 給食の準備をする。 ○ 後片付け，歯磨き	○ 給食の準備をする。 ○ ⑤子どもと一緒の席で給食を食べる。

Q1．①の場所には時間を記入する必要があります。それはなぜですか。

＿＿＿

Q2．幼児の活動の下線部③「七夕の飾りを作る」について，幼児の活動を想像し，もう少し詳しく，具体的に書いてみましょう。

＿＿＿
＿＿＿
＿＿＿

Q3．実習の内容の下線部⑤「子どもと一緒の席で給食を食べる」について考えられる具体的な配慮を書きましょう。

＿＿＿
＿＿＿
＿＿＿

Answer

Q1 Check them out！（確認してみよう！）

《解答例》
　幼児の活動の変わり目になっているから

《解　説》
　　時間を記入することによって，一日の活動の流れを知るとともに，それぞれの活動にかかる時間を知ることができます。これは，子どもを理解するうえでの大切なデータになります。自分が保育計画や指導案を作成するときの時間の目安になるからです。時間を区切って子どもたちの活動を見る習慣をつけましょう。

Q2 Check them out！（確認してみよう！）

《解答例》　色紙を半分に切り，短冊にして，願い事を書く。
　　　　　好きな折り紙を使って飾りを作る。
　　　　　できたら友達や先生に見せる。

《解　説》
　　子どもの活動については，できる限り詳しく，具体的に書きましょう。「七夕の飾りを作る」だけでなく，何を使ったか，どんなものを作ったか，どういうふうに作ったか，保育者や友達との関わりはどうであったかなども記入しましょう。表中下線部②「かえるのうたでリズム遊びをする」の場合も，どんなふうに，どんなリズム遊びをしたのか，楽器は使ったのかなどを（楽器を使った場合，環境の構成のところに楽器名を）記入しましょう。

Q3 Check them out！（確認してみよう！）

《解答例》　「おいしいね」と声を掛けながら食べる。
　　　　　スプーンが正しく使えるように手助けする。
　　　　　残って食べている子に頑張って食べるよう声掛けをし，励ます。

《解　説》
　　「一緒に食べる」「一緒に歌う」というのは大切なことですが，それだけでは実習記録としては不十分です。どんな配慮や助言をしたかも書くようにしましょう。表中下線部④「子どもたちと一緒に歌を歌う」の場合も同様です。

3 一日の感想・反省を書いてみよう

以下の文章は，実習記録の一部です。文章を読み，以下の設問に答えましょう。

> 今日は，「マイ・ウォッチ」を作ろうということで，自分で自分の時計を作りました。子どもたちはそれぞれいろんな工夫をしていて，すごいなと思いました。①私は，ハサミやのりの使い方に気をつけながら，子どもたちを見ていました。そのとき，Aくんがうまくはさみを使えていないことに気づきました。②丸く画用紙を切り抜こうとしていたようですが，そのとき，私はどうアドバイスしてあげればよいか分からず，「先生が代わりに切ってあげるね」といって，切ってあげました。③でも，それでよかったのかどうか，気になります。

Q1．下線部①は二つの解釈ができます。どんな解釈ですか。

_____
_____
_____

Q2．下線部②の文章の問題点を二つ以上挙げてください。

_____
_____
_____

Q3．下線部③をより適切な表現に直してください。

_____
_____

Q4．主語が分かりにくくなっている文章があります。その文章を抜き出して，主語が明確になるように言葉を補いましょう。

_____
_____
_____
_____

Answer

Q1 Check them out！（確認してみよう！）

《解答例》

①私は，子どもたちのハサミやのりの使い方に気をつけながら見ていました。
　　　→ハサミやのりを使っているのは「子ども」
②私は，自分のハサミやのりの使い方に気をつけながら，子どもたちの様子を見ていました。
　　　→ハサミやのりを使っているのは「自分」

Q2 Check them out！（確認してみよう！）

《解答例》

①「丸く画用紙を切り抜こう」（「丸く」は「切り抜こう」を修飾しているので近づける）
　　　→「画用紙を丸く切り抜こう」
②文章が長い→文章を分ける
　　例）Aくんは画用紙を丸く切り抜こうとしていたようです。しかし，そのとき，私はどうアドバイスしてあげればよいか分かりませんでした。そこで，「先生が代わりに切ってあげるね」と言って，私が切ってあげました。
③「そのとき」が連続して出てくる→下線部②の中の「そのとき」は省く

Q3 Check them out！（確認してみよう！）

〈修正前〉

　でも，それでよかったのかどうか，気になります。
　───▶《解答例》
　　　しかし，そのような対応でよかったのかどうか，疑問に思いました。

Q4 Check them out！（確認してみよう！）

〈修正前〉

　今日は，「マイ・ウォッチ」を作ろうということで，自分で自分の時計を作りました。
　───▶《解答例》
　　　今日は，「マイ・ウォッチ」を作ろうということで，子どもたちは自分で自分の時計を作りました。

第5節：研修レポートを書いてみよう

1. どんなことを書くの？

　研修レポートは，研修会に参加することで，どのような成果があったのかを書くことが必要です。また，研修会に参加しなかった人が読んだ場合でも，その研修会の内容が理解できるようにまとめることが大切です。

　そのため，研修レポートには，基本項目として次の6つを書くとよいでしょう。

(1) 作成年月日　(2) 件名　(3) 報告者　(4) 研修会の概要　(5) 研修会で学んだこと
(6) 添付資料

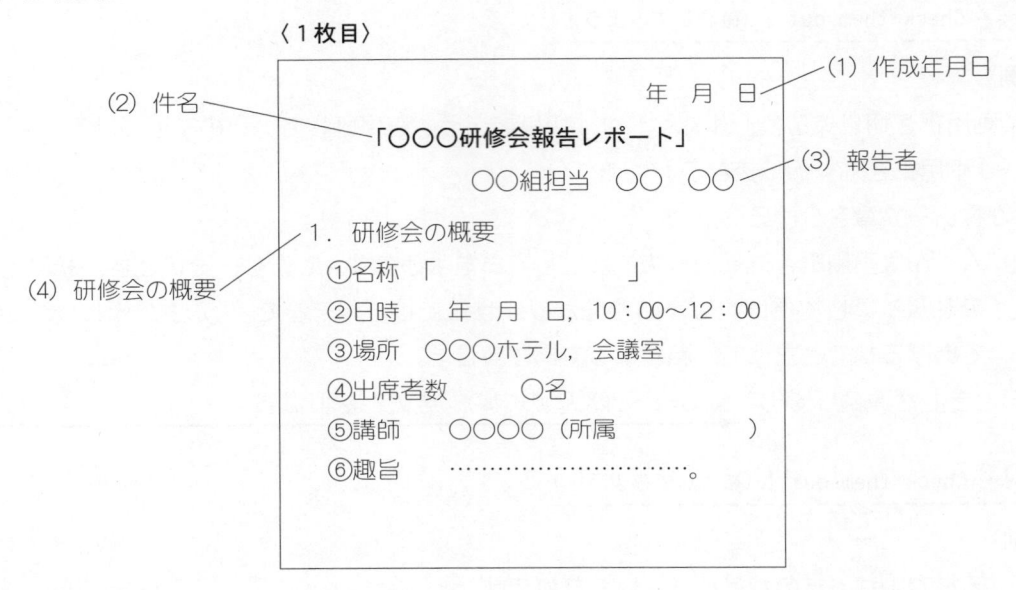

〈1枚目〉

- (1) 作成年月日：　　年　月　日
- (2) 件名：「〇〇〇研修会報告レポート」
- (3) 報告者：〇〇組担当　〇〇　〇〇
- (4) 研修会の概要
  1. 研修会の概要
     - ①名称　「　　　　　」
     - ②日時　年　月　日, 10：00～12：00
     - ③場所　〇〇〇ホテル，会議室
     - ④出席者数　　〇名
     - ⑤講師　〇〇〇〇（所属　　　）
     - ⑥趣旨　……………………。

(5) 研修会で学んだこと

2. 研修会で学んだこと
   - 字数：1400字～1600字
   - 文体：「である」調

〈2枚目〉

(6) 添付資料
- レポートで参考にしたり，引用したりした資料
- 研修会で配布された資料

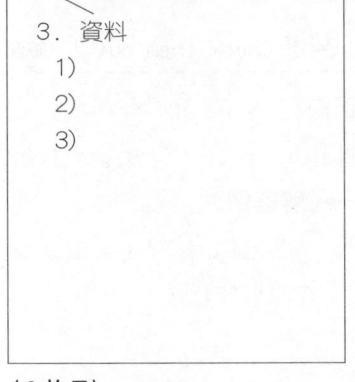

3. 資料
  1)
  2)
  3)

〈3枚目〉

2．「研修会で学んだこと」は，どうやって書けばいいの？

　研修会で何を学んだかをレポートにします。レポートとは，一定の形式を踏まえた文章表現のことです。自分の感想や思いを自由に書くものではありません。
　一定の形式とは，「序論－本論－結論」をさします。「序論」には，研修会を受けて興味を持ったこと，保育に活かしたいと考えたことなど，「研修の成果」を書きます。「結論」は，成果を踏まえた上での「今後の課題」を書きます。「本論」は，結論にいたった根拠を書きます。研修で得た資料や事例などを文章に盛り込みながら，内容に厚みを持たせていくところです。
　研修会のレポートは，この形式を踏まえておくことが大切です。この形式をとることによって，自分の考えをまとめることができるだけでなく，自分の考えをわかりやすく整理して読み手に伝えることができるからです。

(1) 序論を考える－「研修の成果」を設定する－

　まずは，疑問や興味を持ったこと，わかったこと，参考になったことを書き出してみましょう。
　また，なぜそれに興味を持ったのか考えてください。
　その中で，資料や事例など，根拠となる材料が整っている内容を一つ選びます。これを「研修の成果」として設定します。

序論　　　　10%
「研修の成果」の設定 筆者の見解

本論　　　　80%
根拠の提示 （資料・事例）

結論　　　　10%
「今後の課題」

〈e. g.〉
　今回の研究会で学んだことは，○○○である。なぜなら，……だからである。

(2)「本論」を考える

　(1)で設定した「研修の成果」を説明する資料や事例を整理します。どの順番で説明すれば分かりやすいかを考え，文章を書きます。自分自身の見解と人の考え（資料・事例など）とは，区別して書くことがポイントです。

(3)「結論」を考える

　「序論」「本論」で書いたことを，簡潔にまとめます。これを踏まえて，「今後の課題」を書きます。「序論」「本論」で書かなかった内容に触れてはいけません。

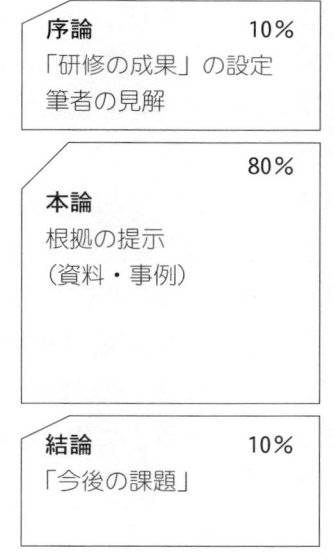

1 「研修会で学んだこと」を書いてみよう

Q1.「序論－本論－結論」の流れになっている文章を，次のア～ウから選びなさい。

ア　私は保育士になりたい。小学校の教師にもなりたい。しかし，どちらかといえば保育士になりたい。

イ　私は保育士になりたい。私は小さいころから保育士に憧れていた。将来きっと保育士になろうと思う。

ウ　私は保育士になりたい。そこで，この夏休みに自主実習に行った。いろいろな経験をすることができて，とても勉強になった。

Q2．次の文章を，「序論－本論－結論」の流れに沿って，並び替えてみましょう。

① しかし，最近は，子どもが望むことを親や周りの人が先回りしてやってしまうことが多く，子ども自身が自ら挑戦してみる機会も少なくなっている。
② このような子どもに自信を持たせるためには，子どもにいろんなことに挑戦させ，やらせてみるということが必要だ。
③ 講師のお話によると，乳幼児期には他者との信頼関係を築くことと，自分に対する信頼感を持たせることが大切だそうだ。
④ また，挑戦する中で失敗することも大切だと講師の先生はおっしゃっていた。
⑤ 自分に対する信頼感とは，言い換えれば自信である。
⑥ 今回の研修会で学んだことは，子どものこころの育ちにおける自信の大切さである。
⑦ 失敗をして，さらに挑戦することで，達成感が強くなるからだ。
⑧ 今後は，子どもたちに自信を持たせることができるような指導・援助とは何か，考えていきたい。
⑨ そのため，子どもが「自分にはどのくらいの力があるのか，どんなことができるのか」といった，自分に対する評価ができにくくなっているという。
⑩ 自信は，自分で何かに挑戦し，達成できることで得られる。

　　→　　　→　　　→　　　→　　　→　　　→　　　→　　　→　　　→

Answer

Q1 Check them out！（確認してみよう！）

《解答》

イ

《解　説》

　　イは，最初の文章の根拠を2番目の文章で述べています。そして，最後の文章でもう一度最初の文章を強調するような構成になっています。

　　アは，最初の二つの文章が「Aになりたい」「Bになりたい」と並列になっています。そして最後の文章はその比較になっています。ウは，話が発展しているので，最初と最後の文章の内容が違っています。

　　したがって，ア〜ウの中では，「序論－本論－結論」の流れになっているものはイです。もちろん，これは単純化した例なので，実際には本論をもっと多く書くことになります。

Q2 Check them out！（確認してみよう！）

《解答例》

⑥→③→⑤→⑩→①→⑨→②→④→⑦→⑧

　　今回の研修会で学んだことは，子どものこころの育ちにおける自信の大切さである。

　　講師のお話によると，乳幼児期には他者との信頼関係を築くことと，自分に対する信頼感を持たせることが大切だそうだ。自分に対する信頼感とは，言い換えれば自信である。自信は，自分で何かに挑戦し，達成できることで得られる。しかし，最近は，子どもが望むことを親や周りの人が先回りしてやってしまうことが多く，子ども自身が自ら挑戦してみる機会も少なくなっている。そのため，子どもが「自分にはどのくらいの力があるのか，どんなことができるのか」といった，自分に対する評価ができにくくなっているという。このような子どもに自信を持たせるためには，子どもにいろんなことに挑戦させ，やらせてみるということが必要だ。また，挑戦する中で失敗することも大切だと講師の先生はおっしゃっていた。失敗をして，さらに挑戦することで，達成感が強くなるからだ。

　　今後は，子どもたちに自信を持たせることができるような指導・援助とは何か，考えていきたい。

2 「研修会で学んだこと」を書いてみよう 〜推敲・添削編〜

Q1. 自分が書いた文章を読み直して，よりよい文章に直していくことを推敲といいます。「望ましい保育について」というテーマで200字程度の短文を書き，その文章を自分で推敲してみましょう。この場合も，「序論－本論－結論」となるようにしましょう。

＜望ましい保育について＞

_____
_____
_____
_____
_____
_____
_____
_____
_____
_____

Q2. 他の人が書いた文章を読み直して，よりよい文章に直していくことを添削といいます。次の文章を添削してみましょう。

　子どもにとって睡眠は重要ですが，子どもの睡眠時間が減ってきていて，夜型の生活になっている子どもも増えてきているそうだ。子どもの睡眠時間が減るとどういう影響があるかというと，一番の問題は生活リズムが崩れるということです。生活リズムが崩れると，例えば朝起きるのが遅いので朝食を食べる時間がなくなって，朝食を抜いて登園してくる子どもがいます。また，睡眠時間が足りないと，子どもはずっと寝不足の状態が続いていることになります。そのような状態では，脳も活発に働きません。

Answer

Q1 Check them out！（確認してみよう！）

〈推敲のポイント〉

まず，このテキストで学習してきた内容をチェック

⇩

次に，自分が伝えたいことがきちんと書けているかチェック

⇩

最後に，読み手が分かりやすい文章になっているかチェック

《解　説》

文章は推敲すればよくなります。自分で推敲する習慣をつけましょう。

Q2 Check them out！（確認してみよう！）

《解答例》

子どもにとって睡眠は重要です~~が~~。しかし，最近は子どもの睡眠時間が減ってきていて，夜型の生活になっている子どもも増えてきているそう~~だ~~です。子どもの睡眠時間が減る~~とどういう影響があるかとい~~ことによる~~うと~~，一番の問題は生活リズムが崩れるということです。生活リズムが崩れると，~~例えば~~例えば朝起きるのが遅~~いので~~くなります。その結果，子どもは朝食を食べる時間がなくなって，朝食を抜いて登園してくる~~子どもがいます~~のです。

また，睡眠時間が足りないと，子どもはずっと寝不足の状態が続いていることになります。そのような状態では，脳も活発に働きません。

《解　説》

他の人に自分の書いた文章を添削してもらうと，自分では気づかなかった間違いや分かりくい表現を修正することができます。積極的に添削してもらいましょう。

3 「研修会で学んだこと」を書いてみよう　～実践編～

次の文章を読んで，「研修会で学んだこと」として，400字以内でまとめてみよう。

　「人間の形成は幼児期においてもっとも容易に行われるばかりでなく，この時期にのみ容易に行うことができる」——これは近代教育学の父であり，平和教育の創始者であるチェコのコメニウス（1592～1670）の言葉です。平和を愛する心を育む平和教育は，子どもの誕生の瞬間から始めなければなりません。ある人間が戦争を憎み平和を愛する人間になるか，好戦的で冷酷な人間になるかは，根源的な意味において乳幼児教育のあり方にかかっているといっても過言ではないでしょう。

　したがって，乳幼児期の平和教育の本質は，乳幼児期の感情の世界を平和の精神，人間への純粋な愛の精神，ヒューマニズムの精神で満たすことです。逆にいえば，子どもから好戦的なもの，非人間的なもの，差別と偏見の芽をとり除くことです。

　もちろん幼児も一定の発達をとげているので，彼らに原爆や戦争の話を知識として伝えることもできないわけではありませんが，それらを知的理性的に認識するのはもっと後のことです。戦争や平和に関する将来の知的科学的認識力と，戦争に反対し平和を守り築く行動力とのいわば土壌をたがやし，そこに平和の種子（たね）を播く仕事が，乳幼児期における平和教育の主要な課題であります。

　「平和」の概念については，大きく見て「平和」の根源を，人間の心の中に求める立場と，社会のしくみに求める立場の二つの考え方があります。世界の大多数の人々は戦争を望んでいません。それでもたびたび戦争が起こるのは，戦争が人の心の中だけで生まれるものではないことを示しています。戦争が起こるのは，戦争をひき起こす一定の経済的，政治的，社会的しくみがあるからです。しかし，反面で人々の心の中に他国や他民族に対する偏見や無知や差別意識があるほど，戦争が起きやすいことも事実です。戦争はこれら二つの要因の複雑な絡み合いから起こるといってよいでしょう。平和教育は人間の心の中に平和の種子を播くことによって，この絡み合いを解く仕事です。

　平和教育には，戦争と平和の問題を取り立てて扱う教育である「直接的平和教育」と，戦争と平和の問題は直接扱わないけれども，一般的な平和的精神や心情を育てる「間接的平和教育」があります。乳幼児期の平和教育の場合もその両面から見ることが必要です。ただし，乳幼児期の特質から見て，直接的平和教育の面では，戦争体験の継承と，幼児の心を世界に開く国際理解の教育とがその中心になるべきでしょう。

　それに対して間接的平和教育では，日常の仲間づくり，動植物の飼育栽培，外国の子どもたちとの交流活動などが中心的な内容となるでしょう。ただし，幼児期の特質からいって，乳幼児の平和教育では間接的平和教育のもつ比重が大きいということがあります。それから乳幼児の平和教育では家庭における親の役割が重要になってきます。幼稚園や保育所での平和教育は地域の親や大人と協力して取り組んでこそ，効果が大きいことを先進的な実践が示しています。

〈出典：藤井敏彦「乳幼児期の平和教育」（全国保育問題研究協議会編『子どもの心に平和の種子を～乳幼児期の平和教育～』新読書社，2001年，10～23頁）より，前半部分を問題作成者が適宜中略し，まとめた。〉

○　書けたら，自分の書いた文章を見直し，推敲してみよう。
○　友達とテキストを交換し，お互いの文章を添削してみよう。

Answer

Q1 Check them out！（確認してみよう！）

《解答例》

　今回の研修会で学んだことは，乳幼児期における平和教育のあり方です。乳幼児期においては，子どもの感情の世界を平和の精神，人間への純粋な愛の精神で満たすことが大切であることを学びました。

　今回の研修会では，平和教育を「直接的平和教育」と「間接的平和教育」に分けて説明がありました。前者は，戦争と平和の問題を取り立てて行うものです。後者は，戦争と平和の問題は直接扱わないけれども，一般的な平和的精神や心情を育てるものです。具体的には，日常での仲間づくり，動植物の飼育栽培，外国の子どもたちとの交流などです。

　平和教育というと，前者のイメージを持っていたのですが，乳幼児期においては後者の比重が大きいということでした。園でも日常での仲間づくりなどを間接的平和教育の一環と位置づけて実践していくとよいと思いました。

[著者紹介]

古茂田貴子（こもだ　たかこ）
大阪府生まれ
神戸大学大学院教育学研究科修了
現在　　　大阪城南女子短期大学非常勤講師
専攻　　　幼児教育学　〈第2章担当〉

真宮美奈子（まみや　みなこ）
岡山県生まれ
広島大学大学院教育学研究科　博士課程前期修了
現在　　　山梨学院短期大学保育科准教授
専攻　　　幼児教育学　〈第3章1節・2節・3節，本文レイアウト担当〉

中尾　香子（なかお　きょうこ）
宮崎県生まれ
広島大学大学院教育学研究科　博士課程後期修了　教育学博士
現在　　　宮崎学園短期大学保育科専任講師
専攻　　　教育方法論　〈第1章 確認テスト，第3章4節・5節担当〉

〔引用・参考文献〕

・会田貞夫・中野博之・中村幸弘編著『現代日本語の文法』右文書院，2004年
・井上史雄『敬語はこわくない：最新例と基礎知識』講談社，1999年
・岩淵　匡『日本語反省帳』河出書房新社，2004年
・塩田紀和・野元菊雄・平山城児・三沢　仁編『例解文章ハンドブック　第4版』ぎょうせい，1991年
・谷川裕稔・真宮美奈子『文科系短大生のためのスタディ・スキルズ』大学教育出版，2000年
・中九州短期大学幼児保育学科編著『これだけは知っておこう保育・教育BOOK』学事出版，2002年
・中村　明『悪文：裏返し文章読本』筑摩書房，1995年
・成川豊彦『成川式文章の書き方』PHP研究所，1998年
・日本経済新聞社『恥をかかない日本語の常識』日本経済新聞社，1998年
・野口悠紀『「超」文章法：伝えたいことをどう書くか』中央公論社，2002年
・野田尚史『はじめての人の日本語文法』くろしお出版，1991年
・野元菊雄『敬語を使いこなす』講談社，1987年
・萩野貞樹『敬語のイロハ教えます』リヨン社，2002年
・林　　望『日本語の磨き方』PHP研究所，2000年
・林　　望『日本語へそまがり講義』PHP研究所，2000年
・本多勝一『日本語の作文技術』朝日新聞社，1982年
・本多勝一『実践・日本語の作文技術』朝日新聞社，1994年
・本多勝一『わかりやすい日本語の作文技術』オークラ出版，2003年
・益岡隆志・田窪行則『基礎日本語文法』くろしお出版，1992年
・町田　健『まちがいだらけの日本語文法』講談社，2002年
・町田　健『日本語のしくみがわかる本』研究社出版
・町田　健編・井上優著『日本語文法のしくみ』研究社出版，2002年

[編著者紹介]

谷川　裕稔（たにがわ　ひろとし）
徳島県生まれ
神戸大学大学院文化学研究科　後期3年博士課程修了
博士（学術）
現在　　四国大学短期大学部幼児教育保育科教授
専攻　　大学教育学，保育者養成論
　　　　〈第1章担当〉
主著　『アメリカ・コミュニティ・カレッジの補習教育』
（単著　大学教育出版　2001年），『保育者のためのクリティカル・シンキング入門』（単著　明治図書出版　2003年），『保育者養成校のリテラシー・レベル確立についての一考察（1）（2）』（単著　中九州短期大学　論叢　2006年），『気になる子どもの見方・とらえ方』（共著　明治図書出版　2000年），『文科系短大生のためのスタディ・スキルズ』（共著　大学教育出版　2001年），『これだけは知っておこう保育・教育ＢＯＯＫ』（共著　学事出版　2002年），『学習支援をトータル・プロデュースする』（共著　明治図書出版　2005年），他

本文イラスト／下坂朋美
表紙イラスト／岡村洋文

保育者のための
文章作成ワークブック

2006年8月初版刊	©編著者	谷　川　裕　稔
2021年4月19版刊	発行者	藤　原　久　雄
	発行所	明治図書出版株式会社

http://www.meijitosho.co.jp
（企画）石塚嘉典　（校正）相田芳子
〒114-0023　東京都北区滝野川7-46-1
振替00160-5-151318　電話03(5907)6701
ご注文窓口　電話03(5907)6668

＊検印省略　　印刷所　藤原印刷株式会社
本書の無断コピーは，著作権・出版権にふれます。ご注意ください。
Printed in Japan　　　　　　　　　　　ISBN4-18-962616-3